LAROUSSE

Postres casi sin azúcar

LAROUSSE

Postres casi sin azúcar

Iván Millán

LAROUSSE

Dirección editorial	Tomás García Cerezo
Coordinación editorial	Verónica Rico Mar
Coordinador de contenidos	Gustavo Romero Ramírez
Asistencia editorial	Montserrat Estremo Paredes
Fotografía	Alex Vera Fotogastronómica®
Estilismo de alimentos	José Alberto Castillo Vega y Enrique Alonso Gossio
Diseño y formación	Visión Tipográfica Editores, S.A. de C.V. / Rossana Treviño Tobías
Corrección	Adolfo López Sánchez
Diseño de portada	Ediciones Larousse S.A. de C.V., con la colaboración de Nancy Corona / Nice Montaño Kunze

c/s significa: cantidad suficiente

Primera edición - Primera reimpresión

©2015 Ediciones Larousse, S.A. de C.V.
Renacimiento 180, Colonia San Juan Tlihuaca, Delegación Azcapotzalco, C.P. 02400, México, D.F.

ISBN 978-607-21-1026-7

21 Rue du Montparnasse, 75298 París Cedex 06.
www.larousse.com.mx

Esta obra se terminó de imprimir en noviembre de 2015
en los talleres de Editorial Impresora Apolo, S.A. de C.V.
Centeno 150-6, Col. Granjas Esmeralda, C.P. 09810, Mexico, D.F.

Presentación

Ampliando las fronteras de lo dulce

Los variados alimentos naturales que existen en todo el mundo, hoy pueden ser clasificados de acuerdo con los elementos que aportan a las personas. Así, aquellos ricos en carbohidratos y azúcares, como las frutas, los cereales, la leche o la miel de abeja son esenciales en nuestra dieta, pues representan una fuente importante de energía para nuestro organismo, además de proveerle vitaminas, minerales y fibra que lo nutren y lo ayudan en la absorción y metabolización de diversas sustancias. Por tanto, consumir estos alimentos en cantidades moderadas es vital para la salud; sin embargo, éste no es el caso de los azúcares refinados.

Los azúcares refinados son productos obtenidos mediante la extracción del azúcar de un alimento con alto contenido en él. Este glúcido es sometido a diversos procesos para conferirle un color blanco y una textura fina. En este proceso, los alimentos son expuestos a varias etapas de refinamiento; por ejemplo, para obtener un azúcar refinado del jugo de la caña de azúcar, las plantas son sometidas a lavado, cocción, centrifugado, filtrado y secado para eliminar todas sus impurezas. A pesar de que el azúcar obtenido es atractivo a la vista y su textura es refinada, los elementos nutritivos iniciales del azúcar del jugo de caña se pierden en el proceso; en otras palabras, se obtienen calorías "vacías". Cuando un azúcar refinado comienza a ser metabolizado por el organismo, los niveles de glucosa en la sangre se elevan, ya que éste se absorbe inmediatamente, y el exceso de energía (calorías) que el cuerpo no tiene tiempo de utilizar, se almacena en forma de glucógeno en el hígado. Si esta reserva sobrepasa los límites de almacenamiento, el exceso de glucosa en la sangre se transforma en grasa, causando sobrepeso y posteriormente obesidad.

Como es conocido tanto por amateurs como por los expertos en cocina dulce, los azúcares refinados ofrecen características indispensables para muchas recetas de cocina clásica y contemporánea, pero también aportan gran cantidad de calorías vacías al organismo, un factor que es deseable disminuir sin sacrificar atributos de sabor ni de consistencia. Hoy día, a pesar de que existen en el mercado diferentes sustitutos de azúcares refinados que no aportan calorías vacías pero sí propiedades edulcorantes, para utilizar éstos en recetas dulces no basta con sólo emplearlos como si fueran azúcares refinados en una proporción uno a uno, sino que es necesario ajustar y adaptar pacientemente las cantidades para obtener productos de calidad en sabor y en consistencia. Con *Postres casi sin azúcar*, Larousse ofrece a sus lectores una variedad de recetas dulces que pueden disfrutar sin tener que preocuparse por las calorías vacías. En mancuerna con Iván Millán, reconocido repostero, se plasman en este libro preparaciones dulces con calidad en sabor y textura, con una apariencia sencilla y elegante, pero sobre todo, sin calorías vacías. El libro se divide en seis prácticas secciones, en las cuales encontrará distintos tipos de postres con los que podrá satisfacer cualquier antojo o necesidad; ya sea que durante un día caluroso se le apetezca un postre refrescante; que quiera compartir la tarde con sus hijos preparando unas suculentas galletas, o que requiera preparar un pastel para alguna celebración. En *Postres casi sin azúcar* encontrará recetas tanto de postres clásicos, como creaciones originales; además, le bastará con mirar las hermosas fotografías de cada uno para enamorarse y querer reproducirlos inmediatamente.

Los editores

Agradecimientos

Dedico esta obra a cada una de las personas que cambiaron sus alas por mis sueños. ¡Gracias!

- A mi mamá, María del Rayo Rojas, por su apoyo incondicional y su gran amor.

- A mi padre, Óscar Millán, porque frente a él me quito el sombrero y le beso los pies.

- A mi hermano, Daniel Millán, por ser mi cómplice y confidente en todo momento.

- A Fabiola Ramírez, por su incondicionalidad, pero sobre todo por ayudarme a crear esta hermosa obra.

- A Marisa Ramos Abascal y María Esther Lara, por su exigencia y su compromiso, que hicieron de mí un profesionista comprometido.

- A Anabel y Sebastián Diego, por ser parte de mi vida y brindarme una verdadera familia.

- A Vero Rico y todo el equipo de Larousse, por creer en mí y en mi talento.

- A mi gran amiga Paulina Abascal, por ser el ejemplo de temple, perseverancia y fe, pero sobre todo por sus siempre lindos consejos.

- A mi familia, amigos, y todos aquellos que me brindan incondicionalmente su amor y amistad.

- A mis seguidores y mis clientes, por permitirme entrar a sus hogares y vivir deliciosos momentos juntos.

Introducción

El lado dulce de la vida no debería tener culpas.

Mucho se ha escrito sobre las propiedades del azúcar refinado y sus efectos en el organismo. Se ha identificado y probado cómo el consumo de azúcares refinados afectan negativamente la salud; por el contrario, el azúcar puro y sin refinar, como el piloncillo, el azúcar mascabado y la miel de abeja son productos calóricos pero contienen nutrientes benéficos para la salud. Sin embargo, me parece importante recalcar que la ingesta desmedida de cualquier tipo de alimento, ya sean lípidos, carbohidratos o proteínas, puede ser perjudicial para el organismo.

Postres casi sin azúcar nació por una inquietud personal: crear postres deliciosos, diversos y atractivos a la vista con la ventaja de ser libres de azúcares refinados. En este sentido, mi propuesta es crear postres innovadores y vanguardistas que se puedan disfrutar de una manera más amable con el cuerpo.

Esta obra contiene 50 recetas elaboradas en su mayoría con edulcorantes de bajo aporte energético, principalmente sucralosa. Este tipo de edulcorante es único en su tipo, ya que es termoestable; es decir, su poder edulcorante no se altera a temperaturas elevadas como las requeridas durante el horneado de pasteles, galletas y otras preparaciones. Los edulcorantes de bajo aporte calórico son productos químicos derivados de la sacarosa (azúcar) que se asimilan en el organismo de manera distinta al azúcar, y que en ocasiones no los sintetiza y se excretan casi de manera intacta. Su función principal consiste en endulzar los alimentos sin que su adición a éstos represente un aporte energético importante.

El procedimiento para elaborar las recetas proporciona las técnicas adecuadas para obtener productos con sabor y consistencia irreprochables, a pesar de que en ellos las propiedades regulares del azúcar están ausentes. Dichas propiedades son responsables muchas veces del color, sabor y textura característicos de los productos de panadería o repostería; por ejemplo, la capacidad de caramelización, de cristalización, de conservación, de generar estructura, y por supuesto, su propiedad endulzante, entre otros. Es por ello que en algunas recetas recurro al uso, en cantidades moderadas, de miel de abeja, jarabe de agave y otros edulcorantes naturales, que permiten obtener resultados específicos en los postres.

Siguiendo de manera meticulosa cada uno de los procedimientos y recomendaciones, se lograrán postres extraordinarios con una reducción importante en el aporte calórico. ¡Disfruten sin culpas!

Iván Millán

Contenido

Chocococo

Preparación: 45 min **Cocción:** 15 min **Refrigeración:** 1 h
Dificultad: 2 **Rendimiento:** 8 porciones

Material: manga pastelera con duya lisa, charola,
8 moldes rectangulares de 3 × 10 cm sin base, espátula pequeña

Ingredientes

10 g de grenetina en polvo
40 ml de agua
200 ml de crema para batir + 400 ml
100 ml de leche de coco
60 g de yemas
3 cucharadas de sucralosa granulada + 8 g
100 g de chocolate blanco sin azúcar, troceado

Decoración

coco rallado y tostado, al gusto
flores comestibles, al gusto

Procedimiento

- Mezcle en un recipiente pequeño la grenetina con el agua, déjela reposar 5 minutos y derrítala en el microondas.
- Coloque en una olla los 200 mililitros de crema para batir, la leche de coco, las yemas y las 3 cucharadas de sucralosa; bata con un batidor globo hasta obtener una mezcla homogénea.
- Ponga la olla sobre el fuego y caliente la mezcla sin dejarla hervir. Retírela del fuego, añada la grenetina y el chocolate blanco troceado y mezcle hasta que ambos se derritan por completo. Vierta la mezcla en un tazón y déjela enfriar.
- Bata los 400 mililitros de crema restantes con la sucralosa restante hasta que forme picos firmes. Incorpórela con movimientos envolventes a la mezcla de chocolate y coco a temperatura ambiente e introduzca esta preparación en la manga con duya.
- Cubra la charola con papel siliconado, engrase los moldes por el interior y colóquelos en la charola. Llene los moldes con el mousse de chocococo y pase encima de cada uno la espátula para alisar la superficie. Refrigere los mousses durante 1 hora o hasta que estén firmes.
- Saque los mousses del refrigerador y desmóldelos. Sírvalos en platos individuales y decórelos con coco rallado tostado y flores.

Helado
de jengibre con miel

Preparación: 45 min   **Cocción:** 15 min   **Refrigeración:** 15 min   **Congelación:** 4 h
Dificultad: 3   **Rendimiento:** 6 porciones

Material: garrafa para nieve

Ingredientes

1 trozo de jengibre fresco de 7 cm, pelado
500 ml de agua
500 g de yogur de durazno, reducido en azúcar y bajo en grasas
120 ml de crema para batir
125 g de miel de abeja
5 ml de extracto de vainilla
3 kg de cubos de hielo
200 g de sal en grano
500 ml de alcohol etílico

Decoración

frutas rojas, al gusto
hojas de menta, al gusto
semillas de cardamomo, al gusto

Procedimiento

- Coloque el jengibre en una olla pequeña con el agua, póngala sobre el fuego y déjela hervir durante 15 minutos. Retire del fuego la olla, saque el jengibre de la infusión y déjela enfriar.
- Mezcle en un recipiente la infusión de jengibre con el yogur de durazno, la crema para batir, la miel de abeja y el extracto de vainilla. Tape el recipiente y refrigérelo 15 minutos.
- Saque la mezcla de jengibre del refrigerador, viértala en el bote de acero inoxidable de la garrafa y tápelo. Agregue a la garrafa una tercera parte de los cubos de hielo, de sal y de alcohol; coloque el bote de acero encima, y alrededor distribuya el resto de los cubos de hielo, de sal y de alcohol. Gire constantemente el bote de acero dentro del hielo hasta que la mezcla adquiera una consistencia cremosa y firme; este paso tardará 30 minutos aproximadamente.
- Transfiera la mezcla de jengibre a un recipiente con tapa y congélelo durante 4 horas como mínimo.
- Sirva el helado y decórelo con frutas rojas, hojas de menta y semillas de cardamomo, al gusto.

Puede hacer el helado con una máquina para helados eléctrica, omitiendo el tercer paso y siguiendo las instrucciones de la máquina para turbinar el helado. Si no cuenta con garrafa ni con máquina, después de enfriar la mezcla de jengibre congélala durante 1 hora, sáquela y bátala con un tenedor o un batidor globo para romper los cristales de agua. Congélala nuevamente por 1 hora y vuélvala a batir. Repita este procedimiento hasta que obtenga una consistencia cremosa y firme.

Mousses, postres cremosos y helados

Helado

de jocoque

Preparación: 35 min   **Refrigeración:** 15 min   **Congelación:** 4 h
Dificultad: 2   **Rendimiento:** 6 porciones

Material: garrafa para nieve

Ingredientes

- 240 g de yogur natural sin azúcar
- 240 ml de jocoque líquido
- 120 ml de crema para batir
- 125 g de miel de abeja
- 5 ml de extracto de vainilla
- 3 kg de cubos de hielo
- 200 g de sal en grano
- 500 ml de alcohol etílico

Decoración

- esferas de durazno, al gusto
- esferas de kiwi, al gusto
- hojas de menta, al gusto

Procedimiento

- Mezcle en un recipiente el yogur natural con el jocoque líquido, la crema para batir, la miel de abeja y el extracto de vainilla. Tape el recipiente y refrigérelo 15 minutos.
- Saque la mezcla de jocoque del refrigerador, viértala en el bote de acero inoxidable de la garrafa y tápelo. Agregue a la garrafa una tercera parte de los cubos de hielo, de sal y de alcohol; coloque el bote de acero encima, y alrededor distribuya el resto de los cubos de hielo, de sal y de alcohol. Gire constantemente el bote de acero dentro del hielo hasta que la mezcla adquiera una consistencia cremosa y firme; este paso tardará 30 minutos aproximadamente.
- Transfiera la mezcla de jocoque a un recipiente con tapa y congélelo durante 4 horas como mínimo.
- Sirva el helado y decórelo con esferas de durazno y de kiwi, y hojas de menta al gusto.

Puede hacer el helado con una máquina para helados eléctrica, omitiendo el segundo paso y siguiendo las instrucciones de la máquina para turbinar el helado. Si no cuenta con garrafa ni con máquina, después de enfriar la mezcla de jocoque, congélala durante 1 hora, sáquela y bátala con un tenedor o un batidor globo para romper los cristales de agua. Congélala nuevamente por 1 hora y vuélvala a batir. Repita este procedimiento hasta que obtenga una consistencia cremosa y firme.

Mousse
de chocoplátano

Preparación: 20 min   **Cocción:** 10 min   **Refrigeración:** 4 h
Dificultad: 2   **Rendimiento:** 6 porciones

Material: 6 vasos o copas de cristal

Ingredientes

80 g de yemas
10 g de fécula de maíz
250 ml de leche descremada
15 g de sucralosa granulada
125 g de chocolate amargo sin azúcar, picado
200 ml de crema para batir
2 plátanos Tabasco

Decoración

1 plátano Tabasco cortado en rodajas
6 figuras de chocolate sin azúcar
flores comestibles, al gusto

Procedimiento

- Mezcle en un tazón las yemas con la fécula de maíz. Resérvelas.
- Coloque la leche descremada y la sucralosa en una cacerola, póngala sobre el fuego y deje que la leche hierva. Viértala poco a poco sobre la mezcla de yemas y fécula, moviendo constantemente con un batidor globo.
- Vierta la preparación en la cacerola y caliéntela durante 5 minutos moviéndola constantemente. Retírela del fuego y añádale el chocolate picado; mezcle hasta que éste se derrita y obtenga una preparación homogénea y un poco espesa. Déjela entibiar.
- Bata la crema para batir hasta que obtenga picos firmes. Corte los 2 plátanos en cubos, hágalos puré y mézclelo con la salsa de chocolate; después incorpore con movimientos envolventes la crema batida.
- Distribuya el mousse en los vasos o copas de cristal y refrigérelos durante 4 horas.
- Decore cada mousse de chocolate con 2 rodajas de plátano, una figura de chocolate y flores comestibles, al gusto. Sírvalos.

Mousse
de maracuyá

Preparación: 45 min **Cocción:** 20 min **Reposo:** 25 min **Refrigeración:** 1 h
Dificultad: 2 **Rendimiento:** 6 porciones

Material: manga pastelera con duya lisa, charola para hornear, 6 copas o vasos de vidrio

Ingredientes

Mousse de maracuyá

1⅓ kg de pulpa de maracuyá
8 g de grenetina en polvo
30 ml de agua
60 g de yemas
12 g de sucralosa granulada
180 ml de crema para batir
   + 400 ml
35 ml de agua

Crumble de almendra

70 g de harina de trigo cernida
1 cucharada de sucralosa
   granulada
40 g de mantequilla fría, cortada
   en cubos
50 g de almendras fileteadas

Decoración

6 flores comestibles

Procedimiento

Mousse de maracuyá

- Pase la pulpa de maracuyá a través de un colador para retirarle todas las semillas. Resérvela.
- Mezcle en un recipiente pequeño la grenetina en polvo con el agua, déjela reposar 5 minutos y derrítala en el microondas.
- Coloque una cacerola sobre fuego medio y agregue ¾ de la pulpa de maracuyá, las yemas, la sucralosa, los 180 mililitros de crema para batir y la grenetina; mezcle la preparación constantemente durante 10 minutos. Retírela del fuego y déjela enfriar.
- Bata la crema restante hasta que obtenga picos firmes e incorpórela con movimientos envolventes a la preparación de maracuyá. Deje reposar la preparación hasta que tenga una consistencia más firme y transfiérala a la manga con duya. Refrigérela durante 1 hora como mínimo.

Crumble de almendra

- Precaliente el horno a 180 °C. Cubra la charola para hornear con papel siliconado.
- Coloque en un tazón todos los ingredientes y mézclelos con las yemas de los dedos hasta obtener una consistencia arenosa. Ponga la preparación en la charola y hornéela durnate 10 minutos o hasta que se dore ligeramente. Retire el *crumble* del horno y déjelo enfriar.

Montaje

- Distribuya el resto de la pulpa de maracuyá en el fondo de las copas o vasos, llénelos con el mousse de maracuyá hasta cubrir ¾ de su capacidad, ponga encima de cada uno 2 cucharadas del *crumble* de almendra y decórelos con las flores.

Panna cotta
de vainilla

Preparación: 15 min   **Cocción:** 15 min   **Refrigeración:** 4 h
Dificultad: 1   **Rendimiento:** 4 porciones

Material: 4 copas martineras o copas para postre

Ingredientes

8 g de grenetina en polvo
30 ml de leche descremada
550 ml de crema para batir
1 vaina de vainilla, abierta por la mitad a lo largo
10 g de sucralosa granulada
frutas rojas para decorar
flores comestibles para decorar

Procedimiento

- Mezcle en un recipiente pequeño la grenetina con la leche, déjela reposar 5 minutos y derrítala en el microondas.
- Ponga sobre el fuego una olla pequeña con la crema para batir y la vaina de vainilla; deje que hierva durante 15 minutos. Retire la olla del fuego, saque la vaina de vainilla y agregue la sucralosa granulada y la grenetina; mezcle hasta que esta última se disuelva.
- Vierta la crema en las martineras o en las copas para postre. Refrigérelas durante 4 horas como mínimo.
- Sirva las *panna cottas* decoradas con frutas rojas y flores comestibles, al gusto.

Postre
de arroz

Preparación: 15 min   **Cocción:** 1 h
Dificultad: 1   **Rendimiento:** 6 porciones

Material: 6 copas para postre

Ingredientes

100 g de pasas
30 ml de licor de naranja
700 ml de leche descremada
30 g de sucralosa granulada
la ralladura y el jugo de 1 naranja
1 anís estrella

1 raja de canela de 10 cm
1 vaina de vainilla, abierta por
  la mitad a lo largo
250 g de arroz blanco remojado
  durante 1 noche y escurrido

Decoración

3 cucharaditas de canela molida
6 pasas
6 anises estrella (opcional)
6 figuras de chocolate, sin azúcar

Procedimiento

- Mezcle las pasas con el licor de naranja y resérvelas.
- Coloque en una olla la leche descremada, la sucralosa, el jugo de naranja, el anís estrella, la raja de canela y la vaina de vainilla; póngala sobre el fuego y déjela hervir durante 10 minutos. Retírela del fuego y cuélela.
- Vierta la leche nuevamente en la olla y agregue el arroz; baje el fuego a medio y tape la olla. Cocine el arroz moviéndolo ocasionalmente, durante 50 minutos o hasta que esté suave y la preparación haya espesado. Incorpore las pasas y retire la preparación del fuego.
- Sirva el postre en las copas y espolvoree encima la canela molida. Decore cada postre con 1 pasa, 1 anís estrella y una figura de chocolate.

Si desea este postre más ligero, añádale al servirlo un poco más de leche. Puede consumirlo caliente, a temperatura ambiente o frío.

Mousses, postres cremosos y helados

Tapioca,
yogur y gelatina de coco

Preparación: 15 min   **Reposo:** 2 h   **Cocción:** 20 min   **Refrigeración:** 2 h
Dificultad: 1   **Rendimiento:** 6 porciones

Material: refractario cuadrado de 20 cm por lado, 6 copas para postre

Ingredientes

Tapioca
- 250 g de tapioca
- 1 l de agua
- 1 l de leche descremada
- 1 raja de canela de 5 cm

Gelatina de coco
- 30 ml de agua + 500 ml
- 11 g de grenetina
- 15 g de sucralosa granulada
- 1 cucharada de esencia de coco

Montaje
- 240 g de yogur natural descremado, sin azúcar
- 2 kiwis pelados, cortados en cubos de 1 cm

Procedimiento

Tapioca
- Remoje la tapioca en el agua durante 2 horas. Escúrrala y colóquela en una olla con la leche descremada y la raja de canela; póngala sobre el fuego y deje que hierva por 5 minutos. Retire la olla del fuego, escurra la tapioca y déjela enfriar.

Gelatina de coco
- Mezcle en un recipiente pequeño la grenetina con los 30 mililitros de agua, déjela reposar 5 minutos y derrítala en el microondas.
- Hierva el resto del agua en una olla y agregue la grenetina y la sucralosa granulada; mezcle todo bien y déjela enfriar. Incorpore la esencia de coco.
- Vierta la preparación en el refractario y refrigérala durante 2 horas o hasta que se cuaje.

Montaje
- Saque la gelatina del refrigerador y córtela en cubos de 1 centímetro.
- Mezcle en un tazón el yogur natural con la tapioca; distribúyala en las copas, agregue encima los cubos de gelatina y termine de llenar las copas con los cubos de kiwi. Sirva.

Las perlas de tapioca cocidas deben ser translúcidas y firmes. Evite sobrecocerlas.

Parfait de lima

y jarabe de agave

Preparación: 30 min   **Cocción:** 30 min   **Congelación:** 4 h
Dificultad: 2   **Rendimiento:** 6 porciones

Material: charola, 6 aros de 8 cm de diámetro, espátula

Ingredientes

el jugo de 5 limas, colado
180 g de jarabe de agave
100 g de yemas
50 g de huevo
60 ml de licor de naranja
500 ml de crema para batir

Decoración

60 g de jarabe de agave
2 cucharadas de ralladura de lima
6 flores comestibles
6 decoraciones de chocolate blanco sin azúcar
18 supremas de lima

Procedimiento

- Ponga una cacerola sobre el fuego y agréguele el jugo de lima y el jarabe de agave; deje hervir el jarabe hasta que esté ligeramente espeso y retírelo del fuego.
- Coloque en un tazón las yemas, el huevo y el licor de naranja, póngalo en un baño María y bata los ingredientes hasta que obtenga una mezcla espumosa y espesa. Retírelo del baño María.
- Vierta poco a poco el jarabe sobre la mezcla de huevo, batiendo constantemente con un batidor globo hasta que la preparación se entibie.
- Bata la crema para batir hasta obtener picos suaves e incorpórela con movimientos envolventes a la preparación anterior. Cubra la charola con papel siliconado y coloque encima los aros ligeramente engrasados; llénelos con la mezcla de lima y pase la espátula por encima para alisar la superficie. Cubra la superficie de los aros con plástico adherible y congélelos durante 4 horas.

Decoración

- Coloque el jarabe de agave y la ralladura de lima en una cacerola pequeña y póngala sobre fuego medio durante 15 minutos. Retire la cacerola del fuego y deje enfriar el jarabe.
- Desmolde los *parfaits*, sírvalos en platos individuales y báñelos con el jarabe. Decórelos con las flores, las decoraciones de chocolate y las supremas de lima.

Pêche Melba

Preparación: 30 min   **Cocción:** 20 min
Dificultad: 2   **Rendimiento:** 4 porciones

Material: manga pastelera con duya rizada, 4 copas altas para postre

Ingredientes

- 4 melocotones o duraznos, partidos por la mitad
- 700 ml de agua
- 150 g de miel de abeja
- 1 vaina de vainilla, abierta por la mitad a lo largo

Montaje
- 250 ml de crema para batir
- 5 g de sucralosa granulada
- 200 g de puré de frambuesa natural
- 4 bolas de helado de vainilla sin azúcar, de 50 g c/u
- 20 g de almendras fileteadas, tostadas
- 6 cigarrillos de chocolate sin azúcar, delgados
- 6 flores comestibles

Procedimiento

- Coloque en un recipiente las mitades de melocotón o de durazno y cúbralas por completo con agua hirviendo. Déjelas reposar 1 minuto, escúrralas y sumérjalas rápidamente en un recipiente con agua fría y hielos. Escúrralas nuevamente y retíreles la piel y la semilla. Resérvelas.
- Ponga una olla sobre el fuego y agregue el agua, la miel de abeja y la vaina de vainilla; deje que hierva durante 10 minutos o hasta obtener un jarabe ligero. Añada las mitades de melocotones o duraznos y déjelas cocer en el jarabe durante 10 minutos. Retírelas del fuego y déjelas enfriar.

Montaje
- Bata la crema pata batir con la sucralosa granulada hasta que forme picos firmes. Introdúzcala en la manga con duya y resérvela.
- Saque las mitades de melocotones o de duraznos del jarabe y córtelas en gajos de 1 centímetro de grosor aproximadamente.
- Distribuya el puré de frambuesa en el fondo de las copas, coloque encima los gajos de durazno o de melocotón con el jarabe de cocción, y ponga encima las bolas de helado de vainilla. Decore con 1 roseta de crema batida, las almendras fileteadas, los cigarrillos de chocolate y las flores.

El *pêche* Melba es un postre que creó el chef Auguste Escoffier en 1892 en honor a una cantante australiana del siglo xix, Nelly Melba. El *pêche* Melba que sirvió a la célebre estrella consistía en duraznos cocidos sobre una cama de helado de vainilla, en un timbal de plata encajado entre las alas de un cisne esculpido en un bloque de hielo y recubierto por un velo de azúcar cocido.

Peras
al vino tinto

Preparación: 15 min   **Cocción:** 35 min
Dificultad: 1   **Rendimiento:** 4 porciones

Material: refractario, manga pastelera con duya lisa

Ingredientes

- 4 peras partidas por la mitad a lo largo, sin semillas
- 30 g de sucralosa granulada
- 1 cucharadita de cardamomo en polvo
- 1 cucharadita de jengibre en polvo
- 1 cucharadita de anís en polvo
- 50 g de miel de abeja
- 250 ml de jugo de naranja
- 250 ml de vino tinto
- c/s de mantequilla para engrasar
- 200 ml de crema para batir
- flores comestibles, al gusto

Procedimiento

- Coloque en una olla o cacerola grande las mitades de pera, la sucralosa granulada, las especias, la miel de abeja, el jugo de naranja y el vino tinto. Póngala sobre el fuego y, cuando hierva, baje el fuego y continúe la cocción por 10 minutos más o hasta que el líquido se reduzca a la mitad. Retire la preparación del fuego.
- Precaliente el horno a 150 °C y engrase el refractario con un poco de mantequilla.
- Coloque dentro del refractario las mitades de pera con el centro hacia abajo, viértales encima el líquido de cocción y hornéelas durante 20 minutos. Sáquelas del horno y déjelas enfriar.
- Bata la crema para batir hasta que forme picos firmes e introdúzcala en la manga con duya.
- Corte las peras en forma de abanico y sírvalas en 4 platos individuales. Agregue un poco de crema batida sobre las peras y decórelas con flores comestibles; si lo desea, acompáñelas con un poco más del jarabe de cocción.

Smoothie
de pepino

Preparación: 15 min
Dificultad: 1   **Rendimiento:** 8 porciones

Ingredientes

2 pepinos
300 ml de agua
700 g de cubos de hielo
10 hojas de menta frescas + c/s para decorar
50 g de yogur natural sin azúcar
20 g de sucralosa granulada
la ralladura y el jugo de 1 limón

Procedimiento

- Licue los pepinos con el agua y cuele.
- Coloque los cubos de hielo en la licuadora y agregue el agua de pepino y el resto de los ingredientes; licue hasta obtener una mezcla tersa.
- Sirva el *smoothie* de pepino decorado con hojas de menta, al gusto.

Soda italiana
de chocolate

Preparación: 5 min
Dificultad: 1   **Rendimiento:** 1 porción
Material: 1 vaso alto

Ingredientes

30 ml de jarabe de chocolate blanco sin azúcar
2 gotas de colorante vegetal color naranja (opcional)
c/s de cubos de hielo
200 ml de agua mineral
2 cucharadas de frutas rojas
3 supremas de mandarina
1 mora azul

Procedimiento

- Mezcle el jarabe de chocolate con el colorante y sírvalo en el vaso.
- Llene el vaso con los cubos de hielo y vierta lentamente sobre ellos el agua mineral para evitar que se mezcle con el jarabe. (También puede introducir una cuchara en el vaso y verter el agua sobre el dorso de la misma.) Agregue las frutas rojas a la soda.
- Inserte los gajos de mandarina en una brocheta de bambú y ponga una mora azul en la punta. Decore el vaso con la brocheta y sirva.

Terrina
de frutos frescos

Preparación: 15 min   **Cocción:** 5 min   **Refrigeración:** 4 h
Dificultad: 1   **Rendimiento:** 8 porciones

Material: molde de silicón rectangular de 10 × 24 cm de largo u 8 moldes individuales de 3 × 10 cm

Ingredientes

30 g de grenetina en polvo
1 l de agua
½ cucharadita de ácido cítrico
30 g de sucralosa granulada
10 ml de esencia de grosella
2 carambolas rebanadas

10 fresas cortadas en cuatro
100 g de moras azules
100 g de frambuesas
100 g de zarzamoras
100 g de cerezas sin semillas
flores comestibles para decorar

Procedimiento

- Mezcle en un recipiente pequeño la grenetina con 100 ml del agua, déjela reposar 5 minutos y derrítala en el microondas.
- Ponga sobre el fuego una olla y hierva en ella el resto del agua; retírela del fuego y agréguele el ácido cítrico, la sucralosa granulada, la esencia de grosella y la grenetina; mezcle hasta que esta última se disuelva por completo. Déjela enfriar.
- Distribuya las frutas dentro del molde grande o en los moldes individuales y viértales encima la gelatina de grosella. Refrigere durante 4 horas o hasta que la terrina esté cuajada.
- Saque el molde o los moldes del refrigerador y desmolde la(s) terrina(s). En el caso de la terrina grande, córtela en 8 porciones. Sirva, decorando con flores al gusto.

Para desmoldar fácilmente la terrina, sumerja casi por completo el molde de silicón en un recipiente con suficiente agua caliente durante algunos segundos (cuide que el agua no toque la superficie de la terrina), sáquelo del agua y desmolde.

Vaso
de toronja y lavanda

Preparación: 15 min   **Cocción:** 15 min
Dificultad: 1   **Rendimiento:** 4 porciones

Material: charola para hornear de 18 × 26 cm, espátula, cortador circular de 3 cm de diámetro, 4 vasos

Ingredientes

Bizcocho de vainilla
- 50 ml de aceite
- 50 ml de agua
- 5 ml de extracto de vainilla
- 70 g de yemas
- 10 g de sucralosa granulada
- 60 g de harina de trigo cernida

- 5 g de polvo para hornear
- 105 g de claras

Compota de toronja
- las supremas de 1½ toronjas
- 30 g de jarabe de agave
- 2 flores de lavanda orgánicas

- 240 ml de agua

Montaje
- 8 supremas de naranja
- 8 supremas de toronja
- 4 flores de lavanda

Procedimiento

Bizcocho de vainilla
- Precaliente el horno a 180 °C. Cubra la charola para hornear con papel siliconado.
- Mezcle en un tazón el aceite con el agua y el extracto de vainilla. Bata con una batidora eléctrica las yemas con la sucralosa hasta que se blanqueen y esponjen. Vierta la mezcla de aceite, sin dejar de batir.
- Combine en otro recipiente la harina de trigo con el polvo para hornear e incorpórelos con movimientos envolventes a la mezcla de yemas y aceite. Bata las claras a punto de nieve e incorpórelas de la misma forma.
- Vierta la preparación en la charola y extiéndala con la espátula. Hornee el bizcocho durante 12 minutos.
- Retírelo del horno y déjelo enfriar.

Compota de toronja
- Coloque las supremas de toronja, el jarabe de agave y las flores de lavanda en una cacerola; póngala sobre el fuego y cocine todo durante 5 minutos. Agregue el agua y continúe la cocción durante 10 minutos o hasta que el líquido se reduzca a la mitad. Retire la cacerola del fuego y deje enfriar la preparación.

Montaje
- Obtenga 4 discos del bizcocho de vainilla utilizando el cortador circular.
- Distribuya la compota de toronja en los vasos, coloque encima de cada una 1 suprema de naranja y 1 de toronja, cubra con un disco de bizcocho y coloque sobre éste las supremas de naranja y toronja restantes. Decore con las flores de lavanda.

La compota de toronja y lavanda se puede utilizar para acompañar panes tostados, galletas sin azúcar, quesos reducidos en grasa, cremas ligeras, entre otras preparaciones.

Bisquets
para el té con pasas

Preparación: 45 min   **Refrigeración:** 1 noche   **Cocción:** 15 min   **Reposo:** 30 min
Dificultad: 2   **Rendimiento:** 24 bisquets

Material: charolas para hornear, rodillo, cortador para bisquet de 5 cm, brocha, rejilla

Ingredientes

900 g de harina de trigo
5 g de polvo para hornear
25 g de sucralosa granulada
8 g de sal
5 g de levadura seca
25 g de azúcar

250 g de margarina fría, cortada
    en cubos
200 g de huevo batido + c/s para
    barnizar
150 ml de agua tibia
100 g de pasas

Procedimiento

- Mezcle en un tazón la harina de trigo con el polvo para hornear, la sucralosa granulada, la sal, la levadura y el azúcar.
- Agregue los cubos de margarina e incorpórelos con las yemas de los dedos hasta que obtenga una consistencia arenosa. Añada poco a poco el huevo batido, incorporándolo bien con las manos. Vierta el agua tibia y amase entre 8 y 10 minutos; deberá obtener una masa lisa y homogénea.
- Incorpore las pasas a la masa sin trabajarla demasiado. Espolvoree ligeramente con harina una charola, coloque encima la masa y extiéndala con las manos para que adquiera una forma rectangular. Cubra la charola con plástico adherente y refrigérela durante una noche.
- Enharine ligeramente una mesa de trabajo, coloque encima la masa y amásela ligeramente para eliminar el exceso de gas. Estírela con un rodillo hasta obtener un rectángulo de 3 centímetros de grosor. Forme los bisquets con el cortador y colóquelos en charolas cubiertas con papel siliconado, dejando un espacio entre cada bísquet. Déjelos reposar 30 minutos.
- Precaliente el horno a 200 °C. Barnice los bisquets con el huevo, déjelos secar y barnícelos nuevamente. Hornee los bisquets durante 15 minutos o hasta que estén ligeramente dorados. Sáquelos del horno y déjelos enfriar sobre la rejilla.

El azúcar que se añade a esta receta es necesaria para activar la levadura.

Brownies

Preparación: 30 min **Cocción:** 20 - 25 min
Dificultad: 1 **Rendimiento:** 15 brownies

Material: manga pastelera con duya lisa de 2 cm de diámetro, molde cuadrado de 25 cm, espátula, rejilla

Ingredientes

Ganache de chocolate
200 ml de crema para batir
100 g de chocolate amargo
   sin azúcar, troceado

Brownie
60 g de cocoa
420 g de harina de trigo cernida
150 g de almendra en polvo
35 g de sucralosa granulada
570 g de mantequilla derretida,
   a temperatura ambiente
450 g de huevo

Decoración
15 cuadros de chocolate
   blanco sin azúcar
15 flores comestibles

Procedimiento

Ganache de chocolate
- Ponga sobre fuego medio una cacerola con la crema para batir; cuando hierva, retírela del fuego.
- Coloque el chocolate troceado en un tazón y vierta encima la crema. Mezcle hasta que el chocolate se derrita y obtenga una preparación tersa y homogénea. Déjela enfriar.
- Introduzca el *ganache* de chocolate en la manga con duya y resérvelo en refrigeración.

Brownie
- Precaliente el horno a 180 °C. Engrase y enharine el molde.
- Cierna sobre el tazón de la batidora eléctrica la cocoa, la harina de trigo y la almendra en polvo e incorpore la sucralosa granulada.
- Encienda la batidora a velocidad media y vierta lentamente la mantequilla derretida; mezcle hasta que se incorpore por completo.
- Bata el huevo en un tazón con un batidor globo hasta que duplique su volumen e incorpórelo a la mezcla de chocolate sin trabajarla demasiado.
- Vierta la mezcla en el molde, alise la superficie con una espátula y hornee entre 15 y 20 minutos, o hasta que las orillas del brownie estén firmes, pero el centro siga suave. Retírelo del horno y déjelo enfriar sobre la rejilla.
- Corte el brownie en 15 porciones y colóqueles encima un poco del *ganache* de chocolate con ayuda de la manga. Sirva y decore cada porción con un cuadro de chocolate y una flor.

Crepas
de queso y zarzamora

Preparación: 30 min   **Refrigeración:** 30 min   **Cocción:** 50 min
Dificultad: 1   **Rendimiento:** 16 crepas
Material: sartén antiadherente

Ingredientes

Crepas
1 l de leche descremada
500 g de harina de trigo cernida
150 g de huevo
1 pizca de sal
20 g de sucralosa granulada
c/s de aceite en aerosol

Relleno
100 g de zarzamoras
240 g de queso crema bajo
  en grasa
10 g de sucralosa granulada

Montaje
zarzamoras al gusto
nueces picadas, al gusto
flores comestibles, para decorar
abanicos de chocolate blanco sin
  azúcar, para decorar

Procedimiento

Crepas
- Coloque en un tazón todos los ingredientes, excepto el aceite en aerosol, y mézclelos con un batidor globo hasta deshacer todos los grumos. Deje reposar la mezcla en refrigeración 30 minutos.
- Caliente un sartén y rocíelo con un poco de aceite en aerosol, tome con un cucharón una porción de la mezcla para crepas y viértala al centro del sartén; inclínelo ligeramente y gírelo para que la masa se extienda por toda la superficie. Cueza la crepa por 2 minutos, dele la vuelta y cuézala 1 minuto más. Retire la crepa del sartén y resérvela cubierta con un trapo limpio. Repita este paso con el resto de la mezcla.

Relleno
- Licue las zarzamoras y resérvelas.
- Bata el queso crema con la sucralosa granulada en una batidora eléctrica hasta acremarlo. Divídalo en dos porciones iguales y mezcle una de ellas con el puré de zarzamora. Resérvelo.

Montaje
- Extienda sobre cada una de las crepas un poco del queso sin zarzamora y dóblelas por la mitad. Sirva las crepas, espolvoréelas con nueces picadas y acompáñelas con una quenefa de queso con zarzamora y algunas zarzamoras frescas. Decore con flores comestibles y abanicos de chocolate blanco.

Madalenas
de naranja

Preparación: 15 min   **Refrigeración:** 1 h 30 min   **Cocción:** 12 min
Dificultad: 1   **Rendimiento:** 30 madalenas

Material: moldes para madalenas, rejilla

Ingredientes

200 g de harina de trigo cernida
la ralladura de 2 naranjas
1 pizca de sal
200 g de huevo
150 g de miel de abeja
200 g de mantequilla derretida, a temperatura ambiente

Procedimiento

- Combine la harina de trigo con la ralladura de naranja y la sal.
- Bata en un tazón el huevo y la miel de abeja con un batidor globo. Incorpore la mezcla de harina de trigo hasta obtener una mezcla homogénea, y después añada la mantequilla derretida.
- Cubra el tazón con plástico adherible y deje reposar la masa en refrigeración durante 1½ horas.
- Precaliente el horno a 190 °C. Engrase los moldes para madalenas.
- Rellene las cavidades de los moldes con la masa hasta cubrir ¾ de su capacidad. Hornee las madalenas durante 12 minutos. Retírelas del horno y déjelas enfriar sobre la rejilla antes de desmoldarlas.

Las madalenas son unos pequeños panecillos en forma de concha que fueron muy populares en la corte de Versailles. Su sabor y textura son muy delicados y suaves y normalmente son aromatizados con limón o con agua de azahar. La creación de estas delicias se atribuye a la ciudad Commercy, súbdita del rey polaco Stanislas Leszczynski. La leyenda cuenta que en 1755 el soberano descubrió y se enamoró de esta preparación, realizada por una joven campesina, y la bautizó con el nombre de la muchacha.

Muffins
de arándano

Preparación: 20 min   **Cocción:** 20 – 25 min
Dificultad: 1   **Rendimiento:** 12 muffins

Material: moldes para muffins con capacillos, rejilla

Ingredientes

360 g de harina de trigo cernida
60 g de sucralosa granulada
15 g de polvo para hornear
30 g de leche en polvo
450 g de huevo
500 ml de aceite
150 g de arándanos deshidratados

Procedimiento

- Precaliente el horno a 180 °C.
- Combine en un recipiente la harina de trigo cernida, la sucralosa granulada, el polvo para hornear y la leche en polvo.
- Bata el huevo en otro recipiente con ayuda de un batidor globo, e incorpórelo a la mezcla de harina hasta obtener una preparación homogénea.
- Añada poco a poco el aceite, batiendo constantemente hasta obtener una masa homogénea. Agregue los arándanos deshidratados y mézclelos con movimientos envolventes.
- Distribuya la masa en los capacillos hasta llenar ¾ de su capacidad. Hornee los muffins entre 20 y 25 minutos o hasta que al insertar un palillo en el centro de uno, éste salga limpio. Retírelos del horno y déjelos enfriar sobre la rejilla antes de desmoldarlos.

Pan francés
con compota de moras azules

Preparación: 15 min   **Refrigeración:** 30 min   **Cocción:** 35 min
Dificultad: 1   **Rendimiento:** 4 porciones

Ingredientes

Compota de moras azules
165 g de moras azules
1 cucharada de sucralosa granulada
60 ml de licor de naranja

Pan francés
100 g de huevo
120 ml de leche descremada
80 g de miel de abeja

15 ml de extracto de vainilla
1 pizca de canela molida
8 rebanadas gruesas de pan
    campesino o de pan de caja
80 g de mantequilla
frutas rojas para decorar
flores comestibles para decorar

Procedimiento

Compota de moras azules
- Mezcle todos los ingredientes en un tazón y refrigérelos durante 30 minutos.
- Caliente a fuego medio un sartén antiadherente con la mezcla de moras con licor. Cocínela durante 8 minutos, moviéndola ocasionalmente, presione las moras con un tenedor y continúe la cocción 2 minutos más. Retire la compota del fuego y déjela enfriar.

Pan francés
- Bata en un tazón los huevos con la leche descremada, la miel de abeja, el extracto de vainilla y la canela molida.
- Ponga sobre el fuego un sartén, agregue un poco de mantequilla y deje que se derrita. Sumerja una rebanada de pan en la mezcla de huevo por algunos segundos, sáquela, escurra un poco el exceso de huevo y colóquela en el sartén. Dore la rebanada de pan por ambos lados, retírela del sartén y resérvela. Haga lo mismo con el resto de las rebanadas de pan.
- Sirva 2 rebanadas de pan francés por plato y acompáñelas con la compota de moras azules. Decore con frutas rojas y flores comestibles al gusto.

Panqué
de elote

Preparación: 20 min   **Cocción:** 1 h 10 min
Dificultad: 1   **Rendimiento:** 8 porciones
Material: 8 moldes cuadrados de 10 cm, rejilla

Ingredientes

- 500 g de granos de elote
- 500 ml de leche descremada
- 150 g de mantequilla a temperatura ambiente
- 120 g de queso crema bajo en grasa, a temperatura ambiente
- 24 g de sucralosa granulada
- 400 g de huevo
- 500 g de harina de trigo
- 1 cucharadita de polvo para hornear

Decoración

- 120 ml de aceite para freír
- 20 g de tapioca
- confeti de azúcar, al gusto (opcional)
- rompope al gusto (opcional)

Procedimiento

- Precaliente el horno a 170 °C. Engrase y enharine los moldes.
- Licue los granos de elote junto con la leche y resérvelos.
- Bata la mantequilla con el queso crema en una batidora eléctrica hasta que se esponjen y blanqueen. Agregue, sin dejar de batir, la sucralosa granulada y los huevos uno por uno.
- Combine la harina de trigo con el polvo para hornear. Añada esta mezcla a la batidora, alternando con los granos de elote molidos; continúe batiendo hasta obtener una mezcla homogénea.
- Llene los moldes con la mezcla y hornéelos durante 50 minutos o hasta que al insertar un palillo en el centro de un panqué, éste salga limpio. Retírelos del horno y déjelos enfriar sobre la rejilla antes de desmoldarlos.

Decoración

- Caliente el aceite en un sartén, agregue la tapioca y tápelo. Fría las esferas de tapioca hasta que revienten como palomitas de maíz. Retírelas del fuego y déjelas escurrir sobre papel absorbente.
- Sirva los panqués de elote decorados con las palomitas de tapioca y confeti de azúcar; acompáñelos con rompope.

Panqué
de naranja

Preparación: 25 min   **Cocción:** 50 min
Dificultad: 1   **Rendimiento:** 1 panqué / 8 porciones

Material: molde para panqué de 10 × 25 cm, rejilla

Ingredientes

Jarabe de naranja
100 g de miel de abeja
la ralladura y el jugo de 2 naranjas

Panqué de naranja
250 g de mantequilla a
    temperatura ambiente

24 g de sucralosa granulada
350 g de harina de trigo cernida
10 g de polvo para hornear
1 pizca de sal
300 g de huevo
120 ml de crema para batir

la ralladura de 2 naranjas
15 ml de extracto de vainilla

Decoración
flores comestibles, al gusto

Procedimiento

Jarabe de naranja
- Coloque una olla pequeña sobre fuego medio y agregue la miel de abeja, el jugo y la ralladura de naranja. Deje sobre el fuego hasta que la preparación reduzca a la mitad y adquiera una consistencia espesa. Retírela del fuego y resérvela.

Panqué de naranja
- Precaliente el horno a 170 °C. Engrase y enharine el molde para panqué.
- Bata la mantequilla con la sucralosa granulada en una batidora eléctrica hasta acremarla. Agregue la harina de trigo, el polvo para hornear y la sal; continúe batiendo hasta incorporar todos los ingredientes.
- Mezcle en un tazón los huevos con la crema para batir y añádalos poco a poco a la mezcla de mantequilla, batiendo hasta obtener una mezcla homogénea. Incorpore la ralladura de naranja y el extracto de vainilla.
- Vierta la mezcla en el molde y hornee el panqué durante 40 minutos o hasta que al insertar un palillo en el centro, éste salga limpio. Retírelo del horno y déjelo enfriar en la rejilla.
- Bañe el panqué con el jarabe de naranja y decórelo con flores comestibles. Rebánelo y sírvalo.

Panqué
marmoleado con nata

Preparación: 20 min   **Cocción:** 45 min
Dificultad: 2   **Rendimiento:** 4 panqués / 8 porciones
Material: 4 moldes circulares de 10 cm, rejilla

Ingredientes

600 g de harina de trigo
15 g de polvo para hornear
40 g de sucralosa granulada
250 g de mantequilla
250 g de nata
750 g de huevo
30 g de cocoa
10 g de canela molida
4 figuras de chocolate sin azúcar, al gusto

Procedimiento

- Precaliente el horno a 175 °C. Engrase y enharine los moldes.
- Cierna sobre un tazón la harina de trigo con el polvo para hornear. Incorpore la sucralosa granulada y reserve.
- Bata en una batidora eléctrica la mantequilla hasta que se esponje y blanquee. Agregue la nata y continúe batiendo hasta obtener una mezcla tersa y cremosa. Añada los huevos uno por uno, permitiendo que se incorpore bien cada uno antes de añadir el siguiente. Continúe batiendo durante 10 minutos más o hasta obtener una mezcla para panqué homogénea, tersa y muy cremosa.
- Mezcle la cocoa con la canela molida y añádala a una cuarta parte de la mezcla para panqué.
- Distribuya en los moldes una cuarta parte de la mezcla blanca para panqué, y después coloque porciones de la mezcla de cocoa, alternando con el resto de la mezcla blanca. Hornee los panqués durante 45 minutos o hasta que al insertar un palillo en el centro, éste salga limpio. Retírelos del horno y déjelos enfriar sobre la rejilla antes de desmoldarlos
- Decórelos con las figuras de chocolate y sírvalos.

Roles
de canela

Preparación: 50 min   **Reposo:** 45 min   **Cocción:** 25 min
Dificultad: 3   **Rendimiento:** 16 roles

Material: rodillo, brocha, molde cuadrado de 25 cm, brocha

Ingredientes

700 g de harina de trigo
60 g de salvado de trigo
5 g de sal
5 g de levadura seca
25 g de azúcar
50 g de sucralosa granulada
250 g de huevo
100 ml de agua

150 g de margarina cortada en
   cubos, a temperatura ambiente
100 g de mantequilla cortada en
   cubos, a temperatura ambiente

Decoración
c/s de mantequilla derretida, fría
10 g de canela molida

100 g de pasas (opcional)
100 g de nueces troceadas
   (opcional)
200 g de mermelada de
   chabacano sin azúcar
60 ml de agua tibia

Procedimiento

- Mezcle en el tazón de la batidora con el aditamento de gancho la harina y el salvado de trigo, la sal, la levadura, el azúcar y la sucralosa granulada.
- Añada a la mezcla de harina los huevos uno por uno. Vierta el agua y continúe batiendo hasta incorporarla y obtener una masa homogénea.
- Agregue los cubos de margarina y de mantequilla a la masa poco a poco y sin dejar de batir. Continúe batiendo hasta obtener una masa homogénea y lisa.
- Engrase ligeramente un tazón, coloque dentro la masa, cúbrala con plástico adherible y déjela fermentar durante 30 minutos o hasta que duplique su volumen.
- Enharine una mesa de trabajo, coloque encima la masa y pónchela presionándola con los puños para sacarle el aire. Estire la masa con un rodillo hasta obtener un rectángulo de 30 × 40 centímetros aproximadamente.
- Unte la superficie del rectángulo con mantequilla derretida, espolvoréele encima la canela molida y distribuya las pasas y las nueces troceadas. Precaliente el horno a 200 °C. Engrase y enharine el molde.
- Enrolle el rectángulo sobre sí mismo y córtelo en discos de 2 centímetros de grosor. Distribuya los roles en el molde ligeramente separados y con la espiral hacia arriba; déjelos reposar 15 minutos o hasta que dupliquen su volumen.
- Barnice la superficie de los roles con mantequilla derretida y hornéelos durante 25 minutos. Retírelos del horno y sáquelos del molde con cuidado. Mezcle la mermelada de chabacano con el agua tibia y barnice la superficie de los roles. Sírvalos tibios o a temperatura ambiente.

Scones
de nuez

Preparación: 30 min   **Cocción:** 20 min
Dificultad: 1   **Rendimiento:** 25 *scones*

Material: charolas para hornear, cuchara para servir helado, rejilla

Ingredientes

300 g de harina de trigo cernida
160 g de almendra en polvo
85 g de fécula de maíz
5 g de polvo para hornear
335 g de mantequilla

50 g de sucralosa granulada
250 g de huevo
5 ml de extracto de vainilla
50 g de nueces picadas
50 g de arándanos deshidratados

Procedimiento

- Precaliente el horno a 170 °C. Cubra las charolas con papel siliconado.
- Combine la harina de trigo con la almendra en polvo, la fécula de maíz y el polvo para hornear. Reserve.
- Bata la mantequilla con una batidora eléctrica hasta acremarla. Agregue la sucralosa granulada y bata nuevamente hasta incorporarla. Agregue los huevos poco a poco, sin dejar de batir. Añada paulatinamente la mezcla de harina de trigo, continúe batiendo hasta obtener una masa homogénea. Incorpore el extracto de vainilla, las nueces picadas y los arándanos deshidratados.
- Divida la masa con una cuchara para servir helado en porciones de 50 gramos aproximadamente. Coloque las porciones sobre las charolas, separadas ligeramente entre ellas, y deles forma de esferas con las manos; después, aplánelas ligeramente.
- Hornee los *scones* durante 20 minutos o hasta que estén ligeramente dorados y se desprendan fácilmente del papel siliconado. Retírelos del horno y déjelos enfriar sobre la rejilla.

Para hacer *scones* de chocolate, sustituya 10 gramos de harina de trigo por 15 gramos de cocoa. Siga el mismo procedimiento de elaboración y horneado.

Waffle
con cereza

Preparación: 20 min   **Cocción:** 40 min
Dificultad: 2   **Rendimiento:** 16 waffles

Material: wafflera

Ingredientes

Jarabe de cereza
20 g de sucralosa granulada
100 ml de jarabe de maple
150 ml de kirsch® o licor
   de cereza
10 ml de extracto de vainilla
5 g de canela molida

200 g de cerezas frescas,
   sin semilla

Waffles
250 g de harina de trigo
5 g de polvo para hornear
5 g de sal

15 g de sucralosa granulada
100 g de huevo
250 ml de leche descremada
15 g de mantequilla derretida,
   a temperatura ambiente
   + c/s para engrasar la wafflera
flores comestibles para decorar

Procedimiento

Jarabe de cereza
- Coloque en una olla la sucralosa granulada, el jarabe de maple, el kirsch® o el licor de cereza, el extracto de vainilla y la canela molida. Ponga la olla sobre el fuego y deje que la preparación hierva hasta que se reduzca una tercera parte.
- Agregue las cerezas y continúe la cocción hasta que las cerezas estén bien cocidas. Retire el jarabe del fuego, déjelo entibiar, licúelo y cuélelo.

Waffles
- Cierna sobre un tazón la harina de trigo, el polvo para hornear y la sal. Añada la sucralosa granulada y mezcle bien.
- Bata los huevos e incorpóreles la leche descremada y la mantequilla derretida. Agregue poco a poco la mezcla de harina hasta obtener una mezcla homogénea.
- Cueza los waffles en la wafflera. Sírvalos calientes, acompañados con el jarabe de cereza y decórelos con flores comestibles, al gusto.

Delicia de chocolate

Preparación: 25 min **Refrigeración:** 50 min **Cocción:** 30 min
Dificultad: 2 **Rendimiento:** 10 porciones

Material: molde para pay de 25 cm de diámetro o 2 refractarios ovalados de 10 cm, rodillo, espátula

Ingredientes

Base de chocolate
240 g de harina de trigo cernida
6 g de sucralosa granulada
30 g de cocoa
1 pizca de sal
150 g de mantequilla cortada en cubos, a temperatura ambiente
40 g de yemas
½ cucharadita de extracto de vainilla

Glaseado de avellanas
100 ml de crema para batir
75 g de chocolate amargo sin azúcar, troceado
15 g de mantequilla
45 ml de agua
¼ de taza de crema de avellanas, sin azúcar

Crema de chocolate y frambuesa
12 g de grenetina en polvo
50 ml de agua
240 ml de leche descremada
240 ml de crema para batir
120 g de yemas
6 g de sucralosa granulada
120 g de puré de frambuesa natural o de mermelada de frambuesa sin azúcar
300 g de chocolate con leche sin azúcar, troceado

Montaje
frutas rojas, al gusto
polvo comestible dorado, al gusto

Procedimiento

Base de chocolate
- Combine en un tazón grande la harina de trigo, la sucralosa granulada, la cocoa y la sal; agregue los cubos de mantequilla y mezcle con las manos hasta obtener una masa. Añada las yemas y el extracto de vainilla y amase hasta obtener una masa homogénea.
- Forme una esfera con la masa y cúbrala con plástico adherente. Refrigérela durante 30 minutos.
- Precaliente el horno a 170 °C. Engrase y enharine el molde para pay o los refractarios.
- Enharine ligeramente una mesa de trabajo, coloque encima la masa, estírela con un rodillo hasta que tenga un grosor de ½ centímetro y forre el molde o los refractarios con ella. Hornee las bases de chocolate durante 15 minutos; sáquelas del horno y déjelas enfriar.

Glaseado de avellanas
- Coloque todos los ingredientes en una cacerola u olla y póngala sobre fuego bajo. Caliéntela hasta que el chocolate y la mantequilla comiencen a derretirse, y bata la preparación con un batidor globo hasta obtener una mezcla homogénea. Retire la cacerola u olla del fuego y deje entibiar el glaseado.

Crema de chocolate y frambuesa
- Mezcle en un recipiente pequeño la grenetina con el agua, déjela reposar 5 minutos y derrítala en el microondas.
- Coloque el resto de los ingredientes junto con la grenetina en una cacerola u olla y póngala sobre fuego bajo. Caliéntela hasta que el chocolate se derrita, batiendo constantemente con un batidor globo. Retire la cacerola u olla del fuego y bata la preparación nuevamente hasta obtener una crema homogénea.

Montaje
- Desmolde la base de chocolate del molde para pay y rellénela con la crema de chocolate y frambuesa; cúbrala con plástico adherente y refrigérela durante 20 minutos o hasta que la consistencia de la crema esté firme.
- Saque el postre del refrigerador, vierta el glaseado de avellana sobre la crema, poco a poco, y extiéndalo con una espátula. Sirva el postre decorado con frutas rojas y polvo dorado, al gusto.

Si utilizó dos refractarios para hornear las bases, realice con cada una ambos pasos del montaje.

Para hacer la crema de avellanas sin azúcar, muela en procesador de alimentos 60 gramos de avellanas tostadas sin piel hasta obtener una pasta y resérvela. Coloque en un tazón 150 gramos de chocolate amargo sin azúcar picado y vierta encima 100 mililitros de leche descremada caliente; mezcle continuamente hasta que el chocolate se derrita. Coloque la preparación en el procesador de alimentos, enciéndalo y agregue poco a poco 6 gramos de sucralosa granulada, 50 mililitros de aceite de girasol y la pasta de avellanas. Deberá obtener una crema homogénea, tersa y espesa.

Pay
de calabaza

Preparación: 20 min   **Refrigeración:** 30 min   **Cocción:** 1 h 5 min
Dificultad: 2   **Rendimiento:** 10 porciones

Material: 10 moldes para pay de 8 cm, rodillo, rejilla, manga pastelera con duya lisa

Ingredientes

Base
120 g de mantequilla a temperatura
   ambiente
20 g de sucralosa granulada
240 g de harina de trigo
20 g de yema
25 ml de agua
1 pizca de sal
la ralladura de 1 limón

Pay de calabaza
240 g de queso crema bajo en
   grasas, a temperatura ambiente
500 g de pulpa de calabaza molida
30 g de sucralosa granulada
50 g de huevo
40 g de yemas
40 g de mantequilla a temperatura
   ambiente

1 cucharadita de extracto
   de vainilla
½ cucharada de canela molida

Decoración
crema batida, al gusto
flores comestibles, al gusto
semillas de calabaza tostadas,
   al gusto

Procedimiento

Base
- Acreme la mantequilla con una batidora eléctrica, e incorpórele el resto de los ingredientes poco a poco y sin dejar de batir hasta obtener una masa homogénea, sin batirla en exceso.
- Forme una esfera con la masa, envuélvala en plástico adherente y refrigérela durante 30 minutos como mínimo.
- Precaliente el horno a 150 °C. Engrase y enharine los moldes.
- Enharine ligeramente una mesa de trabajo, coloque encima la masa y estírela con un rodillo hasta que tenga un grosor de ½ centímetro. Forre los moldes con la masa, cubra cada base de pay con papel aluminio y coloque encima algún peso, como frijoles o garbanzos. Hornéelas durante 15 minutos. Sáquelas del horno y déjelas enfriar sobre la rejilla.

Pay de calabaza
- Licue todos los ingredientes hasta que obtenga una preparación homogénea y tersa. (Si es necesario, realice este paso en dos tandas.)
- Aumente la temperatura del horno a 170 °C. Vierta el relleno de calabaza en las bases precocidas y hornee los pays durante 40 minutos o hasta que al insertar un palillo en el centro, éste salga limpio. Retírelos del horno y déjelos enfriar sobre la rejilla. Refrigérelos durante 30 minutos antes de sevirlos.
- Introduzca la crema batida en la manga con duya y coloque 4 copos de crema sobre cada pay. Decórelos con algunas flores comestibles y semillas de calabaza.

Utilice un molde para pay de 25 centímetros de diámetro si desea preparar un solo pay.

Pay
de limón

Preparación: 25 min   **Refrigeración:** 30 min   **Cocción:** 30 min
Dificultad: 3   **Rendimiento:** 6 porciones

Material: charola para hornear, rodillo, cortador para galletas circular de 14 centímetros de diámetro, 2 mangas pasteleras con duya lisa de 2 cm

Ingredientes

Base
240 g de harina de trigo cernida
6 g de sucralosa granulada
1 pizca de sal
150 g de mantequilla cortada en cubos, a temperatura ambiente
40 g de yemas
5 ml de extracto de vainilla

Crema de limón
35 g de grenetina en polvo
160 ml de agua
150 g de huevo
12 g de sucralosa granulada
120 ml de jugo de limón
la ralladura de 1 limón
180 g de mantequilla cortada en cubos, a temperatura ambiente

Merengue suizo
150 g de claras
25 g de sucralosa granulada
½ cucharadita de cremor tártaro

Montaje
ralladura de limón, al gusto

Procedimiento

Base
- Combine en un tazón grande la harina de trigo, la sucralosa granulada y la sal; agregue los cubos de mantequilla y mezcle con las manos hasta obtener una consistencia arenosa. Añada las yemas y el extracto de vainilla y amase hasta obtener una masa homogénea, sin trabajarla demasiado.
- Forme una esfera con la masa y envuélvala en plástico adherente. Refrigérela durante 30 minutos.
- Precaliente el horno a 170 °C. Cubra la charola para hornear con papel siliconado.
- Enharine ligeramente una mesa de trabajo, coloque encima la masa y estírela con un rodillo hasta obtener un grosor de ½ centímetro. Corte la masa con el cortador circular y coloque los discos sobre la charola. Píquelos con un tenedor y hornéelos durante 12 minutos; sáquelos del horno y déjelos enfriar.

Crema de limón
- Mezcle en un recipiente pequeño la grenetina con el agua, déjela reposar 5 minutos y derrítala en el microondas.
- Coloque un cazo de cobre o una cacerola sobre fuego medio. Agregue los huevos y la sucralosa y bata hasta que la mezcla se esponje y blanquee.

- Añada el jugo y la ralladura de limón, así como la grenetina hidratada; mezcle hasta que esta última se disuelva.
- Retire la preparación del fuego y añada poco a poco la mantequilla, batiendo constantemente hasta obtener una preparación homogénea y tersa. Introduzca la crema de limón en una de las mangas con duya y déjela enfriar.

Merengue suizo
- Ponga las claras en un tazón y colóquelo sobre una cacerola con agua hirviendo o en un baño María. Bátalas con un batidor de globo hasta que se esponjen y dupliquen su volumen. Agregue la sucralosa granulada y el crémor tártaro y continúe batiendo hasta obtener un merengue firme.
- Introduzca el merengue suizo en la manga pastelera restante.

Montaje
- Coloque las bases circulares sobre una superficie plana. Distribuya la crema de limón sobre las bases, formando pequeños copos con ayuda de la manga, y coloque entre cada uno de ellos un copo de merengue suizo. Decore con la ralladura de limón.

Pay
de manzana

Preparación: 50 min   **Refrigeración:** 30 min   **Cocción:** 50 min
Dificultad: 2   **Rendimiento:** 10 porciones

Material: rodillo, cortador circular para galletas de 12 cm de diámetro,
10 moldes para tarta de 8 cm de diámetro, charola para hornear

Ingredientes

Base
250 g de harina de trigo cernida
1 pizca de sal
125 g de mantequilla cortada en
   cubos, a temperatura ambiente
20 g de yema
50 ml de agua

Crumble de almendra
150 g de harina de trigo cernida

3 cucharadas de sucralosa
   granulada
70 g de almendras fileteadas
100 g de mantequilla fría, cortada
   en cubos
8 g de canela molida

Crema de almendras
150 g de mantequilla a temperatura
   ambiente

140 g de miel de abeja
150 g de huevo
150 g de almendra en polvo
70 g de fécula de maíz
15 ml de extracto de vainilla

Montaje
2 manzanas verdes, peladas,
   descorazonadas y cortadas
   en cubos

Procedimiento

Base
- Combine en un tazón grande la harina de trigo y la sal; agregue los cubos de mantequilla y mezcle con las manos hasta obtener una consistencia arenosa. Añada la yema y el agua y amase hasta obtener una masa homogénea, sin trabajarla demasiado.
- Forme una esfera con la masa, envuélvala en plástico adherente y refrigérela durante 30 minutos.
- Precaliente el horno a 180 °C. Engrase y enharine los moldes para tarta.
- Enharine ligeramente una mesa de trabajo, coloque encima la masa y estírela con un rodillo hasta que tenga un grosor de ½ centímetro. Con el cortador para galletas, corte 10 discos de masa y forre los moldes para tarta. Pique las bases de masa con un tenedor y hornéelas durante 10 minutos; sáquelas del horno y déjelas enfriar.

Crumble de almendra
- Precaliente el horno a 180 °C. Cubra la charola para hornear con papel siliconado.

- Coloque en un tazón todos los ingredientes y mézclelos con las yemas de los dedos hasta obtener una consistencia arenosa. Ponga la preparación en la charola y hornéela durante 10 minutos o hasta que se dore ligeramente. Retire el *crumble* del horno y déjelo enfriar.

Crema de almendras
- Bata la mantequilla en una batidora eléctrica hasta acremarla. Agregue, sin dejar de batir, la miel de abeja, el huevo, la almendra en polvo, la fécula de maíz y el extracto vainilla hasta que obtenga una preparación homogénea. Resérvela.

Montaje
- Precaliente el horno a 180 °C.
- Vierta la crema de almendras sobre las bases precocidas hasta llenar ¾ de su capacidad. Distribuya encima los cubos de manzana y cúbralos con el *crumble* de almendra. Hornee los pays durante 30 minutos y retírelos del horno. Sirva los pays de manzana calientes o a temperatura ambiente.

Pithiviers

Preparación: 1 h 20 min   **Refrigeración:** 3 h 30 min   **Cocción:** 35 min
Dificultad: 3   **Rendimiento:** 3 *pithiviers*

Material: rodillo, 3 charolas para hornear, aro de 20 cm de diámetro, brocha, navaja, rejilla

Ingredientes

Pasta hojaldre

300 g de harina de trigo cernida
1 pizca de sal
30 g de mantequilla a temperatura
  ambiente + 200 g

15 ml de vinagre blanco
120 ml de agua

Montaje

1 receta de crema de almendras
  (ver pág. 70)
c/s de huevo batido para barnizar

Procedimiento

Pasta hojaldre

- Forme un volcán con la harina de trigo y la sal sobre una mesa de trabajo. Haga un orificio en el centro, coloque dentro los 30 gramos de mantequilla, el vinagre blanco y el agua, y comience a incorporar poco a poco la harina de trigo del derredor. Mezcle con las manos hasta obtener una masa homogénea que se despegue de la mesa. Forme una esfera con la masa, introdúzcala en una bolsa de plástico y refrigérela durante 30 minutos.
- Suavice la mantequilla restante con las manos y forme con ella un rectángulo.
- Enharine ligeramente la mesa de trabajo. Retire la masa de la bolsa de plástico, colóquela sobre la mesa y realice dos incisiones entrecruzadas y poco profundas en la superficie. Estire las orillas de cada corte hacia los lados para obtener una cruz; extienda la masa con el rodillo para adelgazarla, pero sin que pierda la forma lograda.
- Coloque el rectángulo de mantequilla en el centro de la cruz y cúbralo, doblando sobre él una de las orillas de masa; después, doble y ponga encima del primer doblez la orilla opuesta de masa, tápela con una tercera orilla y termínelo de cubrir con la orilla restante.
- Espolvoree la masa con un poco más de harina de trigo y extiéndala hacia arriba y hacia abajo con el rodillo hasta obtener un rectángulo alargado con un grosor de 1 centímetro. Divida la masa imaginariamente en tres partes iguales a lo ancho. Doble la parte superior hacia abajo cubriendo por completo la parte central; luego doble la parte inferior hacia arriba encima del primer doblez. A este procedimiento se le conoce como doblez sencillo.
- Gire la masa 90° hacia el lado derecho y estírela hasta obtener nuevamente un rectángulo alargado. Realice un segundo doblez sencillo y deje reposar la masa en refrigeración durante 1 hora como mínimo.
- Saque la masa del refrigerador, espolvoréela con harina de trigo y gírela otra vez 90° hacia el lado derecho a partir de la última posición; estírela y realice un tercer doblez sencillo. Gírela de nuevo hacia la derecha, extiéndala una vez más y realice un cuarto doblez. Déjela reposar en refrigeración durante 1 hora.
- Efectúe en la masa 2 dobleces más para obtener 6 en total. Déjela reposar en refrigeración durante 1 hora como mínimo antes de utilizarla.

Montaje

- Precaliente el horno a 180 °C. Cubra las charolas para hornear con papel siliconado.
- Enharine la mesa de trabajo, estire la pasta hojaldre hasta obtener un grosor de 1 centímetro y corte 6 discos de pasta hojaldre con el aro.
- Coloque 3 discos de pasta en las charolas y distribuya en el centro la crema de almendras. Barnice las orillas con el huevo batido, cubra cada disco con 1 de los 3 restantes y presione bien las orillas para evitar que el relleno se salga.
- Realice algunas decoraciones en la superficie con la navaja, barnícela nuevamente y hornee los *pithiviers* durante 35 minutos. Retírelos del horno y déjelos enfriar.

Strudel
de manzana verde

Preparación: 45 min   **Cocción:** 12 min
Dificultad: 2   **Rendimiento:** 16 porciones

Material: charolas para hornear, rodillo, brocha

Ingredientes

- 1 cucharada de romero fresco, picado
- 35 g de almendras troceadas
- 125 g de queso *ricotta*
- 50 g de chocolate semiamargo sin azúcar, troceado
- 2 manzanas verdes descorazonadas, peladas y cortadas en cubos pequeños
- 600 g de pasta hojaldre (ver pág. 72)
- 70 g de mantequilla derretida, a temperatura ambiente
- 50 g de huevo batido
- 10 g de canela molida

Procedimiento

- Precaliente el horno a 180 °C. Cubra las charolas con papel siliconado.
- Mezcle en un tazón el romero picado, las almendras troceadas, el queso *ricotta*, el chocolate troceado y los cubos de manzana. Reserve.
- Divida la pasta hojaldre en dos porciones iguales. Enharine ligeramente una mesa de trabajo y estire encima una de las porciones de pasta hojaldre con el rodillo hasta obtener un grosor de 5 milímetros. Corte 8 cuadros de 10 centímetros por lado y resérvelos. Repita el procedimiento con la pasta restante para obtener 16 cuadros en total.
- Barnice con un poco de la mantequilla derretida un lado de los cuadros de pasta hojaldre y distribuya el relleno de manzana en una de las orillas; enrolle los cuadros sobre sí mismos para formar cilindros. Barnice la orilla de cada uno con un poco de agua para cerrarlos, colóquelos sobre las charolas con el cierre hacia abajo y barnícelos con el huevo batido.
- Hornee los *strudels* de manzana durante 12 minutos o hasta que se doren ligeramente. Sáquelos del horno, espolvoréelos con la canela molida y sírvalos calientes.

Cheesecake

Preparación: 45 min   **Cocción:** 30 min   **Refrigeración:** 2 h 30 min
Dificultad: 3   **Rendimiento:** 8 pasteles individuales

Material: rodillo, charolas para hornear, 8 aros metálicos de 10 cm de diámetro y 8 de altura

Ingredientes

Costra de chocolate
120 g de harina de trigo cernida
2 cucharadas de sucralosa
    granulada
30 g de cocoa
1 pizca de sal
45 g de mantequilla cortada en
    cubos, a temperatura ambiente

20 g de yema
5 ml de extracto de vainilla

Cheesecake
400 g de queso crema bajo en
    grasas, a temperatura ambiente
12 g de sucralosa granulada
150 g de huevo

15 ml de extracto de vainilla
180 ml de crema para batir
20 g de harina de trigo

Decoración
c/s de frambuesas o una mezcla
    de frutas rojas
flores comestibles, al gusto

Procedimiento

Costra de chocolate
- Engrase las paredes internas de los aros con un poco de mantequilla y enharínelos.
- Mezcle en un tazón la harina de trigo, la sucralosa, la cocoa y la sal. Agregue la mantequilla e incorpórela con las manos. Añada la yema y el extracto de vainilla y mezcle nuevamente hasta obtener una masa con un color homogéneo.
- Introduzca la masa en una bolsa de plástico y refrigérela durante 30 minutos.
- Enharine ligeramente una mesa de trabajo y estire en ella la masa de chocolate con el rodillo hasta que tenga un grosor de 2 centímetros. Cubra la charola con papel siliconado, coloque encima la masa y córtela con los aros; retire los recortes de masa y reserve los discos de chocolate dentro de los aros.

Cheesecake
- Precaliente el horno a 150 °C.
- Bata el queso crema con la sucralosa hasta acremarlo. Agregue poco a poco el huevo e incorpórelo con un batidor globo. Añada el resto de los ingredientes y bata nuevamente hasta obtener una preparación tersa y homogénea.
- Vierta la mezcla de queso sobre las costras de chocolate, dentro de los aros. Coloque una charola con agua en la parte baja del horno y hornee los *cheesecakes* durante 30 minutos o hasta que estén firmes. Retírelos del horno y déjelos enfriar.
- Refrigere los *cheesecakes* durante 2 horas como mínimo. Desmóldelos y decórelos con las frambuesas o la mezcla de frutas rojas y con las flores comestibles antes de servirlos.

Fraisier

Preparación: 1 h **Cocción:** 20 min **Refrigeración:** 1 h
Dificultad: 2 **Rendimiento:** 6 pasteles individuales

Material: 6 aros de 8 cm, espátula, manga pastelera con duya lisa de ½ cm

Ingredientes

Cobertura
150 g de almendra en polvo
80 g de miel de abeja
c/s de colorante vegetal color
    amarillo

Crema diplomática
de vainilla
15 g de grenetina en polvo
60 ml de agua

300 ml de leche descremada
60 g de yemas
240 g de miel de abeja
45 g de fécula de maíz
1 vaina de vainilla abierta
    por la mitad a lo largo
300 ml de crema para batir

Montaje
36 g de azúcar de agave

el jugo de 1 limón
c/s de colorante vegetal color
    verde
6 discos de bizcocho de vainilla de
    8 cm de diámetro (ver pág. 38)
c/s de fresas partidas por la mitad
    a lo largo
200 g de mermelada de fresa
    sin azúcar

Procedimiento

Cobertura
- Mezcle con las manos en un tazón amplio la almendra en polvo con la miel de abeja hasta obtener una pasta.
- Agregue a la pasta de almendra algunas gotas de colorante vegetal verde y amase hasta obtener un color homogéneo. Si desea un color más intenso, agregue más colorante y amase nuevamente; repita esto hasta obtener el tono deseado.
- Espolvoree una mesa de trabajo con un poco de fécula de maíz y estire en ella la cobertura con un rodillo hasta que tenga un grosor de 3 milímetros. Obtenga 6 discos de masa, utilizando uno de los aros y resérvelos.

Crema diplomática de vainilla
- Mezcle en un recipiente pequeño la grenetina con el agua, déjela reposar 5 minutos y derrítala en el microondas.
- Coloque en una olla la grenetina hidratada, la leche, las yemas, la miel de abeja, la fécula de maíz y la vaina de vainilla. Póngala sobre fuego medio y caliente, sin dejar de mover, hasta que la preparación espese. Retire la olla del fuego y deje enfriar la crema.
- Bata la crema con una batidora eléctrica hasta que forme picos firmes. Deseche la vaina de vainilla de la crema de vainilla e incorpore la crema batida con movimientos envolventes. Resérvela en refrigeración.

Montaje
- Mezcle en un recipiente pequeño el azúcar de agave con el jugo limón hasta obtener una pasta homogénea y espesa. Agregue algunas gotas de colorante verde y mezcle hasta obtener un color homogéneo. Introduzca este glaseado en la manga con duya y resérvelo.
- Engrase y enharine las paredes internas de los aros, colóquelos sobre la charola y ponga dentro de ellos los discos de bizcocho. Acomode mitades de fresa por toda la orilla de uno de los discos de bizcocho; el interior de las fresas deberá quedar viendo hacia las paredes del aro. Cubra el centro del bizcocho con un poco de mermelada de fresa. Termine de rellenar el aro con la crema diplomática de vainilla y alise la superficie de la crema con una espátula. Repita este procedimiento con los 5 aros restantes.
- Refrigere los *fraisiers* durante 1 hora o hasta que la crema esté firme. Sáquelos del refrigerador y retire los aros, jalándolos lentamente hacia arriba. Cubra la superficie de los *fraisiers* con los discos de cobertura y decórelos con el glaseado verde.

La vida
en rosa

Preparación: 1 h 30 min   **Cocción:** 30 min
Dificultad: 3   **Rendimiento:** 3 pasteles / 6 porciones
Material: 6 moldes circulares de 10 cm, brocha

Ingredientes

Bizcocho
2 recetas de masa de bizcocho
de vainilla (ver pág. 38)
c/s de colorante vegetal color rosa

Jarabe de rosas
300 ml de agua

100 g de jarabe de agave
20 pétalos de rosa

Crema de rosas
250 ml de crema para batir
8 g de sucralosa granulada
5 ml de esencia de rosas

Cobertura
300 g de almendra en polvo
160 g de miel de abeja
c/s de colorante vegetal color rosa

Montaje
flores comestibles, al gusto

Procedimiento

Bizcocho
- Precaliente el horno a 180 °C. Engrase y enharine los moldes.
- Distribuya en 6 tazones la mezcla de masa de bizcocho. Reserve una de las mezclas y al resto agrégueles colorante vegetal rosa, aumentando gradualmente la intensidad del color para obtener 5 tonalidades distintas de rosa.
- Vierta cada una de las mezclas en los moldes y hornéelas durante 20 minutos. Saque los bizcochos del horno, déjelos enfriar y desmóldelos. Resérvelos.

Jarabe de rosas
- Coloque todos los ingredientes en una olla pequeña y póngala sobre el fuego. Deje que hierva hasta que obtenga un jarabe. Retírelo del fuego, déjelo enfriar y cuélelo.

Crema de rosas
- Bata la crema para batir con la sucralosa hasta obtener picos firmes. Incorpore con movimientos envolventes la esencia de rosas. Reserve la crema de rosas en refrigeración.

Cobertura
- Mezcle con las manos en un tazón amplio la almendra en polvo con la miel de abeja hasta obtener una pasta.

- Agregue a la pasta de almendra algunas gotas de colorante vegetal rosa y amase hasta obtener un color homogéneo. Si desea un color más intenso, agregue un poco más de colorante y amase nuevamente; repita esto hasta obtener el tono deseado.
- Divida la pasta de almendra en 3 porciones. Espolvoree una mesa de trabajo con un poco de fécula de maíz, coloque encima una de las porciones de pasta de almendra y estírela con un rodillo hasta que tenga un grosor de 3 milímetros. Repita este paso con las 2 porciones de pasta restantes. Resérvelas.

Montaje
- Corte los 6 bizcochos de manera horizontal en 3 porciones. Acomode sobre una mesa de trabajo los 3 discos de color amarillo (sin colorante), barnícelos con un poco del jarabe de rosas y úntelos con un poco de la crema de rosas; cubra con los 3 bizcochos con la tonalidad rosa más clara y repita el procedimiento. Siga apilando y rellenando los discos de bizcocho, colocando los discos en un color ascendente.
- Unte toda la superficie de los 3 pasteles con un poco de crema de rosas y cubra cada uno con una placa de cobertura.
- Decore los pastelitos con flores comestibles al gusto.

Mil hojas

Preparación: 50 min   **Cocción:** 30 min   **Refrigeración:** 15 min
Dificultad: 2   **Rendimiento:** 12 porciones

Material: 2 charolas para hornear de 20 × 25 cm, rodillo, manga pastelera
con duya lisa o rizada de 5 mm de grosor.

Ingredientes

1 receta de pasta hojaldre
   (ver pág. 72)

Crema de vainilla
15 g de grenetina en polvo
60 ml de agua
300 ml de leche descremada

60 g de yemas
150 g de miel de abeja
45 g de fécula de maíz
1 vaina de vainilla abierta
   por la mitad a lo largo
300 ml de crema para batir

Montaje
6 vainas de vainilla partidas
   por la mitad

Procedimiento

- Precaliente el horno a 170 °C. Cubra las charolas con papel siliconado.
- Enharine una mesa de trabajo y estire sobre ella la pasta hojaldre con un rodillo hasta obtener un rectángulo de 36 × 20 centímetros y un grosor de 3 milímetros. (Reserve la pasta restante para otras preparaciones.) Corte el rectángulo por la mitad de manera que obtenga 2 rectángulos de 18 × 20 centímetros y colóquelos en las charolas.
- Pique la superficie de los rectángulos con un tenedor y hornéelos durante 15 minutos. Sáquelos del horno y déjelos enfriar.

Crema de vainilla

- Mezcle en un recipiente pequeño la grenetina con el agua, déjela reposar 5 minutos y derrítala en el microondas.
- Coloque en una olla o cacerola la leche descremada, las yemas, la miel de abeja, la fécula de maíz, la vaina de vainilla y la grenetina. Póngala sobre fuego medio y mezcle constantemente hasta que la preparación espese. Retire la preparación del fuego, déjela enfriar y saque la vaina de vainilla.
- Bata la crema para batir hasta que forme picos firmes e incorpórela a la preparación anterior. Introduzca la crema de vainilla en la manga con duya y refrigérela durante 15 minutos.

Montaje

- Corte cada uno de los rectángulos de pasta hojaldre en 12 rectángulos de 3 × 10 centímetros. Cubra la mitad de los rectángulos con pequeñas gotas de crema de vainilla y ponga encima el resto de los rectángulos de pasta; finalmente, cubra éstos con el resto de la crema de vainilla.
- Decore cada mil hojas con media vaina de vainilla y sírvalos.

Napoleón
de fresas y crema

Preparación: 25 min **Cocción:** 35 min
Dificultad: 1 **Rendimiento:** 10 porciones

Material: 2 moldes circulares para pastel de 20 cm, rejilla, manga con duya lisa de 2 cm, base para pastel de 20 cm, brocha

Ingredientes

- 2 recetas de masa de bizcocho de vainilla (ver pág. 38)
- 360 ml de agua
- 100 g de jarabe de agave
- la cáscara de ½ naranja
- 250 ml de crema para batir
- 8 g de sucralosa granulada
- 300 g de fresas picadas + 100 g enteras
- cigarrillos de chocolate sin azúcar, para decorar (opcional)

Procedimiento

- Precaliente el horno a 180 °C. Engrase y enharine los moldes para pastel.
- Distribuya en cantidades iguales la masa de bizcocho en los moldes y hornéelos durante 20 minutos. Sáquelos del horno y déjelos enfriar sobre la rejilla antes de desmoldarlos.
- Ponga una olla sobre el fuego y agregue el agua, el jarabe de agave y la cáscara de naranja; deje hervir hasta obtener un jarabe ligeramente espeso. Retírelo del fuego y déjelo enfriar.
- Bata la crema para batir junto con la sucralosa hasta que forme picos firmes. Introdúzcala en la manga con duya y resérvela.
- Coloque sobre la base para pastel uno de los discos de bizcocho de vainilla y barnícelo con la mitad del jarabe de naranja. Cubra el disco con la mitad de la crema batida, utilizando la manga con duya, y coloque encima la mitad de las fresas picadas. Cubra con el disco de bizcocho restante, barnícelo con el resto del jarabe, agregue las frescas picadas restantes y cubra con más crema batida. Ponga las fresas enteras sobre la crema y decore con los cigarrillos de chocolate.

Pastel
de zanahoria

Preparación: 1 h **Cocción:** 15 min
Dificultad: 2 **Rendimiento:** 6 pasteles individuales

Material: 3 charolas para hornear de 18 × 26 cm, cortador para galletas de 8 cm, manga pastelera con duya lisa de 1 cm

Ingredientes

Biscocho de zanahoria
720 g de harina de trigo
15 g de polvo para hornear
1 pizca de sal
4 g de canela molida
2.5 g de cocoa
450 g de huevo
30 g de sucralosa granulada

750 g de zanahoria rallada finamente
40 g de pasas
40 g de nueces picadas
15 ml de extracto de vainilla
15 ml de aceite
200 g de mantequilla derretida

Montaje
270 g de queso crema bajo en grasa
6 g de sucralosa granulada
18 zanahorias pequeñas de cobertura

Procedimiento

Bizcocho de zanahoria
- Precaliente el horno a 180 °C. Cubra las charolas para hornear con papel siliconado.
- Cierna sobre un tazón la harina de trigo, el polvo para hornear, la sal, la canela molida y la cocoa. Reserve.
- Bata los huevos con la sucrolasa granulada en una batidora eléctrica hasta que se esponjen y blanqueen. Agregue poco a poco la mezcla de harina batiendo hasta que se forme una masa. Añada la zanahoria rallada, las pasas, las nueces picadas, el extracto de vainilla y el aceite y bata hasta incorporarlos. Finalmente, añada poco a poco la mantequilla, batiendo constantemente hasta incorporarla por completo a la masa. Deberá obtener una masa homogénea y densa.
- Distribuya la masa en las 3 charolas y extiéndala con una espátula; alise bien la superficie. Hornee los bizcochos durante 15 minutos. Sáquelos del horno y déjelos enfriar.
- Desmolde los bizcochos, retíreles el papel siliconado y obtenga 6 discos de cada placa con el cortador para galletas; deberá obtener 18 discos en total. Resérvelos.

Montaje
- Bata el queso crema con la sucralosa granulada hasta acremarlo. Introdúzcalo en la manga con duya.
- Ponga 6 discos de bizcocho de zanahoria sobre una mesa de trabajo y utilice la manga para cubrir toda la superficie con pequeños copos de betún; coloque encima del betún otro disco de bizcocho, cúbralo de la misma forma con más betún y termine cubriendo con los 6 discos de bizcocho restantes.
- Decore los pasteles con las zanahorias de cobertura y sírvalos.

Para hacer las zanahorias pequeñas, realice media receta de cobertura (ver pág. 80) y pinte dos terceras partes con colorante artificial naranja y el resto con colorante verde. Tome pequeñas porciones de cobertura naranja y, con las manos, deles forma de zanahoria; haga lo mismo con la cobertura verde para formar las hojas. Coloque las zanahorias en un plato o charola y póngales en la parte superior las hojas presionándolas ligeramente. Déjelas secar antes de colocarlas sobre los pasteles.

Pastelito
de lavanda

Preparación: 1 h 30 min   **Cocción:** 30 min
Dificultad: 3   **Rendimiento:** 3 pasteles / 6 porciones
Material: 6 moldes circulares de 10 cm, brocha

Ingredientes

Bizcocho
2 recetas de masa de bizcocho
    de vainilla (ver pág. 38)
c/s de colorante vegetal color
    morado

Jarabe de lavanda
350 ml de agua

100 g de jarabe de agave
4 flores de lavanda

Crema de lavanda
250 ml de crema
    para batir
8 g de sucralosa granulada
5 ml de esencia de lavanda

Cobertura
300 g de almendra en polvo
160 g de miel de abeja
c/s de colorante vegetal color
    morado

Montaje
flores de lavanda, al gusto

Procedimiento

Bizcocho
- Precaliente el horno a 180 °C. Engrase y enharine los moldes.
- Distribuya en 6 tazones la mezcla de la masa de bizcocho. Reserve una de las mezclas, y al resto agrégueles colorante vegetal morado, aumentando gradualmente la intensidad del color para obtener 5 tonalidades distintas.
- Vierta cada una de las mezclas en los moldes y hornéelos durante 20 minutos. Saque los bizcochos del horno, déjelos enfriar y desmóldelos. Resérvelos.

Jarabe de lavanda
- Coloque el agua, la sucralosa granulada y las flores de lavanda en una olla pequeña y póngala sobre el fuego. Deje que hierva hasta que obtenga un jarabe ligeramente espeso. Retírelo del fuego, déjelo enfriar y cuélelo.

Crema de lavanda
- Bata la crema para batir con la sucralosa granulada hasta obtener picos firmes. Incorpore con movimientos envolventes la esencia de lavanda y reserve la crema en refrigeración.

Cobertura
- Mezcle en un tazón amplio con las manos la almendra en polvo y la miel de abeja hasta obtener una pasta.

- Agregue a la pasta de almendra algunas gotas de colorante vegetal morado y amase hasta obtener un color homogéneo. Si desea un color más intenso, agregue un poco más colorante y amase nuevamente; repita esto hasta obtener el tono deseado.
- Divida la pasta de almendra en 3 porciones. Espolvoree una mesa de trabajo con un poco de fécula de maíz, coloque encima una de las porciones de pasta de almendra y estírela con un rodillo hasta que tenga un grosor de 3 milímetros. Repita este paso con las 2 porciones de pasta restantes. Resérvelas.

Montaje
- Corte los 6 bizcochos de manera horizontal en 3 porciones. Acomode sobre una mesa de trabajo los 3 discos de color amarillo (sin colorante), barnícelos con un poco del jarabe de lavanda y úntelos con un poco de la crema de lavanda; cubra con los 3 bizcochos con la tonalidad morada más clara y repita el procedimiento. Siga apilando y rellenando los discos de bizcocho, colocando los discos en un color ascendente.
- Unte toda la superficie de los 3 pasteles con un poco de crema de lavanda y cubra cada uno con una placa de cobertura.
- Decore los pastelitos con flores de lavanda.

Pétit rouge

Preparación: 5 min   **Cocción:** 15 min
Dificultad: 1   **Rendimiento:** 24 *cupcakes*

Material: 25 capacillos, moldes para *cupcakes*, manga pastelera con duya lisa de 2 cm

Ingredientes

100 ml de aceite
100 ml de agua
5 ml de extracto de vainilla
5 ml de colorante vegetal color rojo
140 g de yemas
24 g de sucralosa granulada

125 g de harina de trigo cernida
10 g de polvo para hornear
210 g de claras

Decoración
250 g de queso crema bajo en
grasas, a temperatura ambiente

8 g de sucralosa granulada
50 ml de mantequilla avellana
24 flores comestibles
24 perlas de azúcar

Procedimiento

- Precaliente el horno a 180 °C. Coloque capacillos a los moldes para *cupcakes*.
- Mezcle en un tazón el aceite con el agua, el extracto de vainilla y el colorante rojo. Bata las yemas con la sucralosa hasta que se blanqueen y dupliquen su volumen, y añádales la mezcla de aceite poco a poco y sin dejar de batir.
- Combine en otro recipiente la harina de trigo con el polvo para hornear e incorpórelos con movimientos envolventes a la mezcla de yemas y aceite. Bata las claras a punto de nieve e incorpórelas de la misma forma.
- Vierta la preparación en los capacillos hasta llenar ¾ de su capacidad. Hornee los *pétits rouges* durante 15 minutos o hasta que al insertar un palillo en el centro, éste salga limpio. Retírelos del horno, déjelos enfriar y sáquelos de los moldes.
- Retire el capacillo a uno de los *cupcakes* y desmorónelo con los dedos sobre un recipiente; deberá obtener moronas muy finas. Resérvelas para decorar.

Decoración
- Bata el queso crema con la sucralosa granulada y la mantequilla avellana hasta obtener una preparación tersa y homogénea. Introduzca el betún en la manga con duya.
- Decore los *pétits rouges* con el betún, espolvoréelos con las moronas de *cupcake* que reservó y coloque sobre el betún una flor y una perla de azúcar.

Para hacer mantequilla avellana, derrita mantequilla en un sartén antiadherente a fuego medio y continúe la cocción, moviendo ocasionalmente, hasta que la mantequilla adquiera un tono dorado casi café. Retírela del fuego y déjela entibiar. Coloque una hoja de papel absorbente en un colador y cuele la mantequilla para retirar las impurezas.

Pistacho

Preparación: 5 min   **Cocción:** 15 min
Dificultad: 1   **Rendimiento:** 3 pasteles individuales

Material: 2 charolas para hornear de 18 × 26 cm, espátula, cortador para galletas de 8 cm, brocha, manga pastelera con duya lisa de 2 cm

Ingredientes

Bizcocho
2 recetas de masa de bizcocho de
  vainilla (ver pág. 38)

Crema de pistache
250 ml de crema para batir
8 g de sucralosa granulada
5 ml de esencia de pistache
c/s de colorante vegetal color
  verde pistache

Montaje
60 ml de leche entera
60 ml de leche evaporada
80 g de dulce de leche
200 g de pistaches picados
crema batida, al gusto

Procedimiento

Bizcocho
- Precaliente el horno a 180 °C. Cubra las charolas para hornear con papel siliconado
- Vierta la masa de bizcocho en las charolas y extiéndala con la espátula; alise bien la superficie. Hornee los bizcochos durante 12 minutos. Sáquelos del horno y déjelos enfriar.
- Desmolde los bizcochos, retíreles el papel siliconado y obtenga 9 discos utilizando el cortador para galletas. Resérvelos.

Crema de pistache
- Bata la crema para batir hasta obtener picos firmes. Incorpore con movimientos envolventes la sucralosa granulada y la esencia de pistache. Añada algunas gotas de colorante verde, mezcle bien y ajuste al color deseado. Reserve la crema en refrigeración.

Montaje
- Mezcle en un tazón las leches y el dulce de leche.
- Ponga 3 discos de bizcocho sobre una mesa de trabajo, barnícelos con un poco de la mezcla de leche y úntelos con un poco de la crema de pistache. Espolvoree $\frac{1}{3}$ de los pistaches picados y ponga encima un disco de bizcocho; repita el procedimiento una vez más y termine de cubrir cada pastelito con los 3 discos restantes.
- Unte toda la superficie de los 3 pasteles con la crema de pistache restante. Introduzca la crema batida en la manga con duya y decore la superficie de los pasteles. Finalmente, espolvoree encima los pistaches picados restantes.

Bocaditos
de piña

Preparación: 30 min   **Refrigeración:** 30 min   **Cocción:** 15-20 min
Dificultad: 1   **Rendimiento:** 50 bocaditos

Material: charolas para horno, rejilla

Ingredientes

500 g de harina de trigo cernida
1½ cucharadas de sucralosa granulada
250 g de mantequilla cortada en cubos, a temperatura ambiente
125 g de piña liofilizada + c/s para decorar
50 g de canela molida

Procedimiento

- Precaliente el horno a 175 °C.
- Mezcle la harina de trigo con la sucralosa granulada. Acreme en un tazón la mantequilla e incorpórele poco a poco la mezcla de harina hasta obtener una masa homogénea. Añada la piña liofilizada y amase con las manos hasta integrarla bien a la masa. Cubra la masa con plástico adherible y déjela reposar en refrigeración durante 30 minutos.
- Cubra las charolas con papel siliconado. Saque la masa del refrigerador y forme con las manos esferas de 3 centímetros de diámetro aproximadamente. Coloque las esferas de masa sobre las charolas y hornéelas entre 15 y 20 minutos. Saque los bocaditos de piña del horno, colóquelos sobre la rejilla y déjelos enfriar.
- Coloque la canela en polvo en un tazón, ruede en ella los bocaditos de piña y sacuda el exceso de canela. Corte algunas piezas de piña en cubos pequeños, colóquelos sobre los bocaditos para decorarlos y sírvalos.

Bocados
de higo

Preparación: 15 min
Dificultad: 1   **Rendimiento:** 20 bocados
Material: procesador de alimentos

Ingredientes

3 higos + 1 cortado en cuartos
150 g de almendras fileteadas, tostadas
100 g de avena
2 cucharadas de puré de frambuesa

Procedimiento

- Muela los 3 higos en el procesador de alimentos hasta obtener una pasta.
- Pique finamente las almendras fileteadas y mézclalas con el puré de higo. Forme con la mezcla 20 esferas y colóquelas sobre un plato.
- Mezcle en un tazón la avena con el puré de frambuesa. Ruede las esferas de higo en la avena hasta cubrirlas bien, y después ruédelas en sus manos presionándolas ligeramente.
- Sirva los bocados y decore con los cuartos de higo.

Galletas
con chispas de chocolate

Preparación: 30 min   **Refrigeración:** 30 min   **Cocción:** 20 min
Dificultad: 1   **Rendimiento:** 15 galletas de 10 cm aproximadamente

Material: charolas para hornear, rejilla

Ingredientes

- 360 g de harina de trigo
- 5 g de bicarbonato de sodio
- 1 pizca de sal
- 170 g de mantequilla cortada en cubos, a temperatura ambiente

- 200 g de azúcar de agave
- 10 ml de extracto de vainilla
- 100 g de huevo
- 250 g de chispas de chocolate amargo, sin azúcar

Procedimiento

- Cierna sobre un tazón la harina de trigo, el bicarbonato de sodio y la sal. Reserve.
- Acreme la mantequilla con el azúcar de agave y el extracto de vainilla, utilizando una batidora eléctrica. Agregue los huevos uno por uno, sin dejar de batir, e incorpore poco a poco la mezcla de harina hasta obtener una masa homogénea y suave. Evite trabajar demasiado la masa.
- Incorpore las chispas de chocolate a la masa y cúbrala con plástico adherente. Refrigérela durante 30 minutos.
- Precaliente el horno a 180 °C. Cubra las charolas con papel siliconado.
- Saque la masa del refrigerador, forme con ella esferas de 5 centímetros de diámetro, colóquelas sobre las charolas separadas por algunos centímetros y presiónelas ligeramente hacia abajo.
- Hornee las galletas durante 15 minutos o hasta que se desprendan fácilmente del papel siliconado. Sáquelas del horno y déjelas enfriar sobre la rejilla.

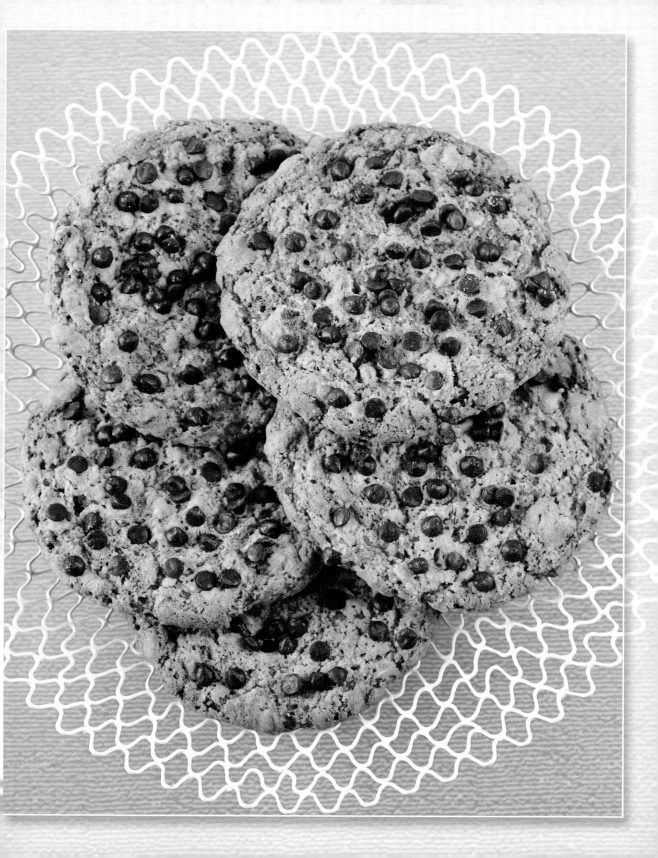

Galletas
con guayaba

Preparación: 30 min   **Refrigeración:** 30 min   **Cocción:** 30 min
Dificultad: 1   **Rendimiento:** 40 galletas

Material: charolas para hornear, rejilla

Ingredientes

Mermelada de guayaba
100 ml de agua
2 guayabas cortadas en cuartos
65 g de miel de abeja

Galletas
280 g de mantequilla a
   temperatura ambiente
80 g de sucralosa granulada

50 g de huevo
320 g de harina de trigo cernida
10 ml de extracto de vainilla

Procedimiento

Mermelada de guayaba
- Coloque una olla sobre el fuego con el agua y las guayabas. Una vez que hierva, agregue la miel de abeja y continúe la cocción hasta que las guayabas estén cocidas y se haya reducido el líquido. Retire la preparación del fuego y déjela entibiar.
- Licue la mermelada, cuélela y déjela enfriar.

Galletas
- Acreme la mantequilla con la sucralosa granulada, utilizando una batidora eléctrica. Agregue el resto de los ingredientes poco a poco y sin dejar de batir. Continúe batiendo hasta obtener una masa homogénea, pero sin trabajar demasiado la masa. Refrigérela durante 30 minutos.
- Precaliente el horno a 165 °C. Cubra las charolas con papel siliconado.
- Saque la masa del refrigerador y forme con ella esferas de 3 centímetros de diámetro aproximadamente. Inserte el dedo índice en el centro de cada esfera para formar una cavidad.
- Coloque las galletas sobre las charolas y rellénelas con un poco de la mermelada de guayaba. Hornéelas durante 20 minutos o hasta que estén ligeramente doradas. Retírelas del horno y déjelas enfriar sobre la rejilla.

Galletas

de avena

Preparación: 40 min   **Cocción:** 20 min
Dificultad: 1   **Rendimiento:** 40 galletas de 5 cm aproximadamente

Material: manga pastelera con duya lisa de 3 cm, charolas para hornear, brocha, rejilla

Ingredientes

500 g de harina de trigo
5 g de polvo para hornear
250 g de jarabe de agave
1 pizca de sal

250 g de avena
150 g de arándanos deshidratados
80 ml de crema para batir
50 g de huevo batido

Procedimiento

- Cierna sobre un tazón la harina de trigo y el polvo para hornear. Agregue el jarabe de agave, la sal, la avena y los arándanos deshidratados. Mezcle hasta obtener una masa y añada la crema para batir; mezcle nuevamente hasta obtener una masa homogénea sin trabajarla demasiado. Introduzca la masa en la manga con duya.
- Precaliente el horno a 210 °C. Cubra las charolas con papel siliconado.
- Forme las galletas sobre las charolas con ayuda de la manga dejando un espacio entre ellas. Barnícelas con el huevo y hornéelas durante 20 minutos o hasta que se despeguen fácilmente del papel siliconado. Retire las galletas del horno y déjelas enfriar sobre la rejilla.

Galletas
de cacahuate

Preparación: 25 min   **Cocción:** 20 min
Dificultad: 1   **Rendimiento:** 25 galletas

Material: charolas para hornear, rejilla

Ingredientes

18 g de sucralosa granulada
180 g de miel de abeja
100 g de huevo
5 ml de extracto de vainilla
120 g de mantequilla derretida,
    a temperatura ambiente

360 g de harina de trigo
1 pizca de sal
125 g de cacahuates sin sal,
    pelados, tostados y molidos

Procedimiento

- Precaliente el horno a 180 °C. Cubra con papel siliconado las charolas para hornear.
- Combine en un tazón la sucralosa granulada, la miel de abeja, el huevo, el extracto de vainilla y la mantequilla.
- Cierna la harina de trigo sobre un tazón y mézclala con la sal y el cacahuate molido. Incorpore esta mezcla a la preparación anterior hasta obtener una masa homogénea; evite trabajarla demasiado.
- Coloque sobre las charolas porciones de masa con ayuda de una cuchara, dejando un espacio de 1 centímetro entre cada una. Hornee las galletas durante 20 minutos o hasta que se despeguen fácilmente del papel siliconado. Retírelas del horno y déjelas enfriar sobre la rejilla.

Galletas
de jarabe de agave y linaza

Preparación: 25 min   **Cocción:** 20 min
Dificultad: 1   **Rendimiento:** 50 galletas

Material: charolas para hornear, cortador circular rizado de 5 cm de diámetro, brocha, rejilla

Ingredientes

250 g de mantequilla
75 g de jarabe de agave
100 g de huevo + c/s de huevo
   batido para barnizar
50 ml de agua fría
425 g de harina de trigo cernida

50 g de salvado de trigo
10 g de polvo para hornear
2 cucharadas de sucralosa
   granulada
c/s de linaza

Procedimiento

- Precaliente el horno a 200 °C. Cubra con papel siliconado las charolas para hornear.
- Bata la mantequilla en una batidora eléctrica a velocidad baja hasta acremarla. Agregue el jarabe de agave, suba la velocidad a media, y continúe batiendo hasta incorporarlo.
- Mezcle el huevo con el agua fría y añada la mitad de esta mezcla a la mantequilla; continúe batiendo hasta que se incorpore. Suba la velocidad, vierta el resto del huevo y bata hasta que se incorpore.
- Combine la harina cernida con el salvado de trigo, el polvo para hornear y la sucralosa granulada e incorpórelos poco a poco a la mezcla de mantequilla y huevo, batiendo a velocidad media hasta obtener una masa homogénea.
- Espolvoree con un poco de harina de trigo una mesa de trabajo, coloque encima la masa y extiéndala con un rodillo hasta obtener un grosor de 5 milímetros. Corte discos de masa con el cortador y colóquelos sobre las charolas. Barnice los discos con el huevo batido y cúbralos con linaza.
- Hornee las galletas durante 20 minutos o hasta que se despeguen fácilmente del papel siliconado. Retírelas del horno y déjelas enfriar sobre la rejilla.

Tostaditas
de amaranto

Preparación: 25 min   **Cocción:** 10 min
Dificultad: 1   **Rendimiento:** 20 tostaditas

Material: charola para hornear, 2 tapetes de silicón, rodillo, cortador para galletas de 8 cm, espátula

Ingredientes

100 g de harina de amaranto
20 g de sucralosa granulada
3 claras
100 g de mantequilla derretida
c/s de amaranto

Procedimiento

- Mezcle en un recipiente la harina de amaranto con la sucralosa, las claras y la mantequilla derretida hasta obtener una masa homogénea y firme.
- Precaliente el horno a 200 °C.
- Coloque uno de los tapetes de silicón sobre una superficie plana, forme pequeñas esferas de masa con las manos y colóquelas sobre el tapete, separadas por algunos centímetros. Ponga encima de las esferas el tapete de silicón restante y pase el rodillo por encima para aplanarlas. Utilice el cortador para darles forma circular y retire los excesos de masa.
- Coloque el tapete con los discos de masa en la charola, espolvoréelos con el amaranto y hornéelos durante 15 minutos o hasta que se doren ligeramente. Retírelos del horno y déjelos entibiar hasta que se endurezcan ligeramente.
- Despegue las tostaditas del tapete de silicón con la espátula y déjelas enfriar por completo. Repita el tercer y el cuarto pasos con el resto de la masa.

Si no cuenta con tapetes de silicón, puede moldear los discos de masa utilizando papel siliconado.

Tabla de equivalencias de ingredientes

Ingredientes en polvo	Medidas en gramos								
	1 taza	¾ de taza	½ taza	¼ de taza	1 cucharada	½ cucharada	1 cucharadita	½ cucharadita	¼ de cucharadita
Almendra en polvo	100	75	50	25	5	2.5	1.67	0.84	0.42
Azúcar	200	150	100	50	15	7.5	4	2	1
Azúcar de agave	110	82.5	55	27.5	6	3	2	1	0.5
Bicarbonato de sodio	—	—	—	—	12	6	4	2	1
Canela molida	—	—	—	—	8	4	3	1.5	0.75
Cocoa	100	75	50	25	5	2.5	1.67	0.84	0.42
Fécula de maíz	—	—	—	—	8	4	2.5	1.25	0.63
Grenetina en polvo	—	—	—	—	8	4	2.67	1.34	0.67
Harina de trigo	125	93.75	62.5	31.25	10	5	3	1.5	0.75
Harina de amaranto	24	18	12	6	1.75	0.88	0.60	0.30	0.15
Leche en polvo	100	75	50	25	5	2.5	1.67	0.84	0.42
Levadura seca	—	—	—	—	10	5	3	1.5	0.75
Polvo para hornear	—	—	—	—	10	5	3.33	1.67	0.83
Sal	—	—	—	—	20	10	6.50	3.25	1.63
Salvado de trigo	40	30	20	10	2	1	0.70	0.35	0.18
Sucralosa granulada	24	18	12	6	1.75	0.88	0.60	0.30	0.15

Ingredientes secos	Medidas en gramos				
	1 taza	¾ de taza	½ taza	¼ de taza	1 cucharada
Almendra fileteada	80	60	40	20	7
Arándanos deshidratados	100	75	50	25	5
Avena	90	67.5	45	22.5	6
Cacahuates	150	112.5	75	37.5	10
Cerezas	165	123.75	82.5	41.25	10
Chispas de chocolate / Chocolate picado	180	135	90	45	12
Chocolate troceado	160	120	80	40	10
Dulce de leche	325	243.75	162.50	81.25	21
Frambuesas	125	93.75	62.5	31.25	8
Fresas	125	93.75	62.5	31.25	—
Frutos secos picados	100	75	50	25	9
Granos de elote	160	120	80	40	10
Jarabe de agave	280	210	140	70	18
Mantequilla y margarina a temperatura ambiente o derretida	200	150	100	50	10
Mantequilla y margarina fría	160	120	80	40	8
Mermelada	300	225	150	75	18
Miel de abeja	320	240	160	80	20
Moras azules	165	123.75	82.5	41.25	10
Nata	150	112.5	75	37.5	10
Pasas	100	75	50	25	5
Pulpa y puré de fruta	200	150	100	50	13
Queso crema	190	142.50	95.00	47.5	12
Queso *ricotta*	200	150	100	50	13
Tapioca	150	112.5	75	37.5	10
Yogur	240	180	120	60	15
Zanahoria rallada	80	60	40	20	7
Zarzamoras	165	123.75	82.5	41.25	10

Ingredientes líquidos	Medidas en mililitros								
	1 taza	¾ de taza	½ taza	¼ de taza	1 cucharada	½ cucharada	1 cucharadita	½ cucharadita	¼ de cucharadita
Aceite, agua, leche, crema para batir, extracto de vainilla, esencias, etc.	240	180	120	60	15	7.5	5	2.5	1.25
Huevo	1 pieza sin cascarón = 50 g				yema = 20 g			1 clara = 30 g	

Glosario

Ácido cítrico. Ácido orgánico que se encuentra y se obtiene a partir de alimentos, sobre todo cítricos. En cocina, se emplea para dar acidez a ciertas preparaciones, pero sin aportarles sabores adicionales. También se utiliza para disminuir el pH de los alimentos o aumentar su tiempo de conservación. Se puede conseguir en tiendas de materias primas en forma de polvo.

Acremar. Mezclar o batir un ingrediente o una preparación para incorporarle aire y suavizarla con la finalidad de obtener un producto con una consistencia cremosa.

Crémor tártaro. El crémor tártaro o ácido tartárico, se emplea en pastelería para impedir la cristalización del azúcar, aumentar el volumen de las masas y estabilizar las claras de huevo.

Figuras de chocolate (abanicos y cigarrillos). Las figuras de chocolate que se emplean para las decoraciones de algunas recetas se elaboran con chocolate derretido temperado, éste se extiende sobre una placa o mesa de mármol, y después se raspa con una espátula de metal en un ángulo de 45°.

Flores comestibles. En repostería, las flores comestibles sirven como una excelente decoración que aporta color y frescura a los platos. Existen muchas flores comestibles; sin embargo, éstas deben ser cultivadas sin pesticidas para evitar problemas de salud. Entre las más usuales encontramos los pensamientos, la lavanda, los crisantemos, las margaritas, el mastuerzo y las rosas.

Fruta liofilizada. Las frutas liofilizadas son productos naturales que se han sometido a un proceso de sublimación; es decir, a bajas temperaturas y altas presiones, con la finalidad de retirarles toda el agua y conservar la mayoría de sus nutrientes y sabor. Las frutas más utilizadas son piña, plátano, manzana, frutos rojos y mango.

Harina de amaranto. Producto que se obtiene de la molienda de amaranto tostado. Es una harina libre de gluten, por lo que no tiene las mismas propiedades de elasticidad de la harina de trigo. Es muy rica en nutrientes: una buena fuente proteínas, minerales como manganeso, fósforo, magnesio y hierro, y vitaminas del complejo B. Puede comprarla en tiendas naturistas y en algunos supermercados.

Incorporar con movimientos envolventes. Mezclar delicadamente una preparación con una espátula flexible, comenzando por las orillas y cubriendo o envolviendo la preparación sobre sí misma hasta que se homogenice. Tiene el objetivo de conservar la mayor cantidad de aire dentro de la mezcla.

Jarabe de agave. Este tipo de endulzante se obtiene de la planta de agave. En su mayoría está compuesto de fructuosa, además de contener minerales esenciales. Por su bajo índice glicémico se asimila lentamente por el cuerpo, haciéndolo apto para diabéticos. Su capacidad endulzante es mayor a la del azúcar de mesa, por lo que se necesita agregar una menor cantidad a los alimentos. Se puede conseguir en tiendas naturistas y en algunos supermercados. También se le conoce como miel de agave o de maguey. Existe una versión en polvo de este endulzante.

Jarabe de chocolate blanco sin azúcar. Jarabe comercial que se utiliza para endulzar y saborizar cafés, bebidas frías y postres. El jarabe de chocolate blanco sin azúcar está endulzado con sucralosa y eritritol, edulcorantes con bajo aporte energético. Se puede adquirir en tiendas especializadas de repostería y para baristas.

Movimientos envolventes. Técnica que consiste en mezclar polvos con productos con mucho aire. Se realiza, como lo dice su nombre, envolviendo lo más rápido posible y con la menor cantidad de movimientos los polvos con la mezcla aireada hasta obtener una mezcla homogénea.

Papel siliconado. Papel tratado con silicón que ayuda a que no se peguen los productos. Se puede hornear sin problemas y es muy resistente, por lo que es gran herramienta para diversos usos: para forrar charolas, especialmente en el caso de merengues y galletas, para ayudar a que no se peguen ni se doren por abajo; para hacer conos o para elaborar decoraciones con chocolate, pastas y azúcar. En tiendas de materias primas también se le conoce como papel estrella.

Sucralosa granulada. Edulcorante artificial obtenido del azúcar, caracterizado por su bajo aporte calórico. En cocina se emplea como sustituto del azúcar refinado para disminuir el aporte calórico de los alimentos. La sucralosa es el edulcorante artificial preferido para los productos horneados, ya que conserva su capacidad edulcorante a altas temperaturas (a diferencia del aspartame, por ejemplo); además la sucralosa granulada, contiene dextrosa y maltodextrina, dos agentes espesantes que facilitan el uso de este producto en preparaciones de repostería y aportan volumen a los alimentos.

Índice

31901065065965